JN427321

맛집경영 길라잡이

지은이 | 한현우 · 황규삼

계축문화사

머리말

최근 주요 매스컴에서는 먹방 프로그램을 인기리에 방영하고 있는데 이것은 건강과 관련하여 음식문화에 대한 대중의 관심이 많다는 것을 의미한다. 또한 외식업이 그만큼 각광받는 업종이 되었음을 의미하기도 한다. 사업자들이 처음 사업구상시에 가장 선호하는 업종 중의 하나가 음식점이다. "월급쟁이 그만두고 음식점이나 할까?" 하지만, 사전 준비 없이 영업을 시작한다면 실패하는 것은 시간문제이다. 과거 우리나라의 자영업 구조는 생활필수품이나 의류 판매업이 주류를 이루었으나 최근 대형 쇼핑몰들이 들어서면서 기존의 사업자들은 새로운 사업 아이템을 음식점에서 찾기 시작했다. 먹는 장사는 실패 위험도 낮고, 손쉽게 창업할 수 있는 장점이 있는 반면, 치열한 경쟁이 도사리고 있다. 더욱 경기에 민감하다보니 운영하다가 포기하는 사례가 적지 않은 편이다.

사전에 준비를 잘하여 창업한다고 해도 몇 년 못가서 영업을 포기하는 사례가 많다. 현재 창업 성공률은 8%에 불과할 정도로 어려운 현실이다. 영업을 시작 하기전에 준비를 잘 해야 하겠지만 필사즉생, 필생즉사[1]의 정신을 가지고 시작하면 성공할 것이라 확신한다. 중요한 것은 음식점 입지와 메뉴, 음식 맛의 요인들이 잘 조화를 이룰 때 성공적인 창업이 가능할 것이다. 영국의 요리사이자 방송인, 제이미 올리버[2]는 공교육 급식에서 가공식품 사용을 반대하는 캠페인을 진행해온 것으로 유명하다. 별칭 '네이키드 셰프(Naked Chef)'로도 잘 알려져 있다. 톡톡 튀는 입담과 귀여운 외모, 춤을 추듯 리듬을 타며 선보이는 도마질, 장난기 넘

1 必死卽生, 必生卽死 : 반드시 죽고자 하면 살 것이요, 반드시 살고자 하면 죽을 것이다.(이순신)

2 Jamie Oliver, MBE, 1975년 5월 27일 ~

치는 동작은 외식산업에서 자신의 브랜드 가치를 높였다. 그만큼 아이디어가 중요하다고 할 수 있을 것이다.

창업은 새로운 업종을 만드는 것이다. 쉽지 않은 여건이지만, 지속적인 노력을 할 때에 성공을 확신할 것이다. 창업한다는 것은 국가의 일자리 창출정책에 동참하여 창업하는 것으로 도전적인 용기를 가졌다고 칭찬하고 싶다. 우리나라 외식산업이 불경기인 것은 다양한 원인이 있겠으나 갑작스런 기초 인건비의 인상도 한 몫을 하고 있다. 인건비 상승으로 제품의 수출단가가 상승되면 경쟁력이 떨어지기 마련이다. 2020년 1월부터 코로나19 신종바이러스가 세계적으로 대유행함에 따라, 이를 퇴치하기 위한 방역대책의 일환으로 사회적 거리두기를 강력히 시행한 결과 음식점의 매출이 줄고 폐업하는 업소가 증가하였다. 이러한 때에 음식점 창업은 어려울 수도 있으나 인건비를 줄이려면 자동화해야 하는 현실을 직시하고 해결방안을 찾는 다면 성공할 수 있으리라 생각된다. 필자는 행정관청에서 식품제조업소와 음식점 등을 관리하면서 영업주들이 간과하기 쉬운 규정과, 한국외식업중앙회 교육원에서 음식점 창업자를 대상으로 강의하면서 꼭 알아야 할 내용을 담아 집필하게 되었다. 독자들이 음식점 창업과 운영에 많은 도움이 되어 대성하기를 소망하면서 본 책을 세상에 내어 놓는 바이다.

2020년 5월

관악산에서 지은이 씀

목차

제1편 맛집 창업

제2편 효율적인 맛집 경영

제3편 행정처분

부록

제1편

맛집 창업

1절. 오리엔테이션

2절. 맛집 창업을 위한 기본조사를 하자.

3절. 음식점 운영시 지켜야 할 사항

4절. 음식점위치 선정은 고객확보의 지름길이다.

5절. 인테리어를 고객의 눈높이에 맞추어라.

6절. 신속하고 정확하게 영업신고 하기

1절. 오리엔테이션

1. 음식점이란 무엇인가 ?

음식점(restaurant)이란 의미는 1765년 루이 15세 블랑제가 프랑스 파리에서 처음으로 팔기 시작한 스테미너 soup의 "체력을 회복시킨다", "재충전 한다" 라는 뜻인 restaurer(restore)라는 말에서 유래되었다. 옥스퍼드 사전에는 식당을 "An establishments where refreshments or meals maybe obtained" 라고 정의하고, EAST (Entertainment, Atmosphere, Sanitation, Taste)라는 토탈 상품을 판매하는 곳으로 정의함으로써 단순히 음식을 공급하는 것뿐만 아니라, 즐거움을 선사하는 곳이라는 의미이다.

2. 음식점 분류는 어떻게 되나?

음식점은 명칭이나 서비스 형식에 따라서 다음과 같이 분류[3]하고 있다.

음식점 명칭에 따라 ① 레스토랑은 종업원이 서비스할 수 있도록 완벽하게 테이블이 세팅되어 있고 고급요리와 질 높은 서비스가 제공되는 식당이다. ② 그릴은 대중적인 가격으로 일품요리를 제공하며 그날의 특별요리를 제공하는 것이 특징이다. 조육 및 수육·어패류를 석쇠 위에 올려놓거나 꼬치에 꿰어 직접 불에 쬐어 굽는 방법이다. ③ 카페테리아는 1891년 미국 미주리주의 캔자스시티(Kansas City)에 있는 기독교여자청년회(YWCA)가 최초로 직업여성들에게 싼값으로 음식을 제공하기

3 http://blog.naver.com/PostView.nhn?blogId=rnjseorhks83&logNo=221097221616

시작했다. 진열된 음식을 골라 접시에 담고 계산한 후 식탁에서 식사를 한다. 학교·병원·기업체에 설치되어 적은 비용으로 많은 사람들에게 서비스를 제공하며 다른 음식점보다 식사가 빨리 제공되고 적은 인원으로 관리할 수 있다. ④ 스낵은 경식당을 말하며 가볍고 손쉽게 먹을 수 있는 음식점을 스낵바(snack bar)라고도 한다. 또한 손님을 초대했을 때, 식탁에 미리 준비한 요리를 접시·냅킨 등과 함께 놓고 각자가 좋아하는 것을 집어서 먹을 수 있게 한 형식을 가리키는 경우도 있다.

서비스 형식에 따라 ① table service는 전형적인 서비스 형태로 테이블에 위치한 고객에게 음식을 제공하는 서비스로서 가격이 높고 조리시간이 많이 소요되며 좌석 회전율이 낮은 것이 단점이다. ② counter service는 주방과 연결된 카운터를 식탁으로 사용하여 음식을 제공하는데, 회전초밥과 같은 일식 레스토랑에서 많이 활용되는 서비스이다. 조리과정을 직접 볼 수 있으며 식사시간이 짧고 좌석 회전율은 중간수준이다. ③ self service는 fast food, food court, 단체 급식 등이 해당되는데, 좌석 회전율이 높고, 음식의 질, 서비스, 분위기 보다 시간, 가격, 편의성에 치중하고 있다. 단순화, 자동화, 표준화가 중요하다.

3. 소비자의 마음을 사로잡는 음식은 무엇일까?

대박식당이란 무엇일까? 호박이 그대로 있으면 호박이지만, 넝쿨과 같이 굴러 들어온 것을 대박이라고 한다. 대박식당이 되기 위해서 소비자의 마음을 사로잡는 음식의 조건을 찾아본다. 음식의 양으로 승부를 걸던 시대는 지나갔다. 이제는 음식의 질로 승부를 걸어야 한다.

첫째, 무엇보다 맛이 있어야 한다. 이것은 식당운영의 기본일지도 모른다. 고객에게 맛없는 음식을 제공한다는 것은 식당을 운영할 기본이 되어있지 않다고 보아야 할 것이다.

둘째, 보기 좋은 음식이어야 한다. 보기 좋은 음식이 먹기에 좋고 맛이 있다는 말이 있듯이 다양한 색상을 고객들에게 제공하여야 한다. 최근 음식을 사진 찍어 인터넷에 올려서 고객들이 그 사진을 보고 찾아오는 경우도 많이 있다.

셋째, 영양가 있는 음식이어야 한다. 음식을 소비자들에게 제공할 때 몸에 이로운 음식을 제공하여야 한다. 음식에 들어있는 영양정보를 함께 알려 주면 체중관리에 관심있는 고객확보에 많은 도움을 줄 것이다. 아무리 보기 좋은 음식일지라도 영양가 없으면 식품으로서의 가치가 없는 것이다. 음식을 먹을 때 힘이 나는 음식이어야 한다.

넷째, 고객이 섭취하기 직전에 조리한 음식이어야 한다. 옛날에 어른들은 밖에 나가서 사먹는 음식은 맛이 있을지 몰라도 집에서 먹는 음식이 살로 간다고 말씀하셨다. 이것은 집에서 조리하여 먹는 음식은 가장 건강한 재료로 정성을 들여 조리한 후, 조리 즉시 제공하기 때문에 가장 건강한 음식이다.

다섯째, 고객이 부담없이 즐길 수 있는 합리적인 가격이어야 한다. 고객은 식당을 찾을 때 호주머니 사정을 고려하지 않을 수 없다. 지역에 따라 상이하겠으나 아마도 1만원~2만선이면 적당하지 않을 까 생각한다.

4. 왜 식당경영에 실패할까?

계속되는 경기침체와 레드오션의 과다경쟁속에서 매출을 올리거나 수익성을 개선하기란 결코 쉬운 일이 아니다. 식재료비, 인건비, 임대료 등 원가가 급격히 상승하고 있어 수익을 창출할 수 없는 한계치에 도달하고 있다. 추가 투자가 어렵다면 기존의 물적, 인적자원을 최적화 하면서 식재료비와 인건비를 낮추거나 고정비용을 유지하면서 매출을 올려야 한다. 번거롭거나 복잡하지만 계속적으로 발생하는 하루 매출을 기록하는 노력이 필요하다. 영세업체들도 예외는 아니다. 관리없이 좋은 현금 흐름과 이익을 기대할 수 없다.

실패란 지속적인 영업으로 이익을 창출하지 못할 때 발생하는 것이다. 그렇지 않기 위해서는 영업주 스스로 관리할 수 있는 목표설정이 중요하다. 음식점 영업은 인적자원의 의존성이 매우 높지만 노동생산성은 다른 산업보다 현저히 낮은 편이다. 따라서 단기적으로 인건비 비중이 급상승하게 되면 폐업으로 이어질 확률이 높아진다. 그렇다고 인력을 감축할 경우 수익성은 높아지겠으나 장기적으로는 손실을 입을 수 있다.

5. 식품위생행정은 규제행정이다.

식품위생법은 식품제조업자나 일반음식점 종사자든지 영리를 목적으로 하는 업소의 경우 안전성 유지를 목적으로 규제한다. 이것은 시간이 지남에 따라서 소비자의 욕구도 증가하므로 더 많은 규제가 쏟아져 나오게 된다. 예를 들어 소금의 경우, 2019년부터 원산지 표시를 의무화하고 있으며 대형카페 등 음악을 들려주는 업소의 경우, 영업장 면적에 따라 저작권료를 지불해야 한다. 식품이나 의약품의 경우 제조유통시 고의적으로 인간에게 엄청난 해를 끼친 경우 보건범죄단속에 관한 특별조치법에서 정하는 바에 따라 3년 이상의 형벌을 받도록 되어 있다.

2절. 맛집 창업을 위한 기본조사를 하자.

일반적으로 창업이란 기업을 새롭게 창조하는 일"이라고 하며, 학문적으로는 "인적·물적 자원을 적절히 결합하여 미리 설정된 기업 목적을 달성하기 위하여 상품이나 서비스를 조달·생산·판매하거나 그와 부수된 활동을 수행하는 것"이라고 정의하고 있다. 실제적으로 "개인 또는 집단이 자신의 책임 하에 돈과 사람을 동원하여 새로이 사업을 개시하는 것"이 곧 창업이라고 한다. Schumpeter(1934)는 창업을 "새로운 상품과 서비스, 새로운 자원, 생산방법 및 새로운 시장과 조직 형태로 기업형 조직을 탄생시키는 행위"라고 정의하고, 새로운 지식과 기술을 이용하는 혁신적인 창업의 필요성을 강조하였다.

Vesper(1980)는 창업을 "자원, 노동, 재료, 자산 등을 결합해서 이전보다 더 가치 있는 조직으로 변화시켜 더 많은 수익을 창출해내는 것"이라고 하였으며 Ronstadt(1985)는 창업을 "빨간 신호등 앞에서도 때로는 이를 무시하고 돌진하는 것"과 같다고 하였다, 우리나라 중소기업창업지원법에 의하면 창업은 "중소기업을 새롭게 설립하는 것"이라고 정의하고 있다.[4]

국어사전에 의하면 창업(創業)이란 "사업을 처음으로 시작하는 것"이라 하고 있고 창조(創造)란 "이 세상에 없는 새로운 것을 처음으로 만들어 내는 것"이라고 말하고 있다. 따라서 창업은 창조적인 의미로 새로운 사업을 만들어 내는 것이며 그것은 그만큼 준비와 노동력이 많이 소요된다고 할 수 있다.

실제적으로 창업에서는 영업장소(어디서), 메뉴(무엇을), 고객(누구에

---

4 황규삼 외식창업자의 창업교육이 학습전이효과 및 창업의도에 미치는 영향에 관한 연구(창업지원정책의 조절역할을 중심으로), 상명대학교 대학원, 박사학위논문 10p, 2017. 8월

게), 영업시간(언제), 서비스 수준(어떻게)과 서비스 가격(얼마에)을 결정하고 고객의 이용 동기(왜)를 어떤 동기로 할 것인지를 결정해야 한다. 그런데 외식산업은 일반적으로 초기에 성장하다가 그 업종 내의 경쟁이 치열해지는 성숙단계에 이르면 새로운 업태로 세분화되어 발전하기 때문에 이에 대비해야 한다. 성공적인 창업을 위하여 준비해야 할 사항들을 정리해 본다.

1. 식당 창업현황

우리나라에서 창업 선택 1위는 외식업이다. 하지만 외식창업 성공률은 8%에 머문다. 정부의 조사에 의하면 외식업 창업자 중 3년 이내 폐점률이 47.6%에 육박한다고 한다. 그렇다고 나머지 44%도 좋은 환경은 아니다. 투자금이 아까워 쉽게 영업을 포기하지도 못하고 인건비도 못 건지는 형편이다. 국세청 국세통계에 의하면 2018년 음식점을 하다가 사업을 접고 폐업신고를 한 건수는 161,899건 이었다. 이는 같은 기간 새로 사업자 등록을 한 음식점 178,582건의 90.7%에 달하는 수준이다. 이것은 음식점 10곳이 문을 여는 동안 9곳이 닫았다는 뜻이다. 2018년 음식점 신규대비 폐업신고비율은 2014년 83.9% 이후 매년 높아지고 있다. 폐업 신고가 신규 등록에 비해 빠르게 늘면서 음식점 영업자 비중도 하락하는 추세이다. 2018년 음식점 사업자 수는 736,264명으로 전체 7,673,637명의 9.59%를 기록하여 2017년 9.99% 이후 계속하여 10% 밑으로 떨어지고 있다. 음식점 경기불황 원인은 경기둔화와 고용부진에 따른 소비 위축에다 1인 가구 증가, 혼술, 혼밥 확대 등 구조적 요인까지 결합한 것으로 분석된다. 최근에는 최저임금인상에 따른 인건비 증가, 근로시간 단축에 따른 회식감소 등 악재까지 겹쳐 구조조정이 가속화하는 모습이다.[5]

---

5 머니 투데이 고문순 기자, 2018, 8, 19

표 1. 2014~2018 음식점 사업자 신규·폐업신고현황(단위 : 명)[6]

	2018	2017	2016	2015	2014
총사업자	736,264	721,979	711,299	707,801	680,886
신규(A)	178,582	181,304	187,837	186,922	189,682
폐업(B)	161,899	166,304	169,164	155,172	159,121
B/A(%)	90.7	92.0	90.1	83.0	83.9

2. 성공적인 맛집 창업 조건

성공적으로 창업을 하기 위해서는 사전에 치밀하게 조사분석한 후 창업설계를 하여야 한다. 우선, 창업하고자 하는 업종과 유사한 업종이 주변에 있는지 확인해야 한다. 현재 창업하고자 하는 지역에서 영업중인 동일업종으로 창업하는 것은 모험이 따를 수밖에 없으므로, 상권을 철저하게 분석하고 창업하여야 한다. 또한 가격대비 원가구조를 정확하게 파악하여 원가절감이 가능한 방안을 찾아야 하며 필요하다면 적정수준으로 인상하는 방안도 검토해야 한다. 항상 문제는 그 안에 있고 그 안에 답이 있으므로 철저하게 원인을 분석하여 해결방안을 찾아야 한다. 성공적인 창업을 위한 몇 가지 주의할 사항을 정리해 보고자 한다.

첫째, 중요한 것은 입지조건이다. 교통량이 많고 사람의 왕래가 많은 곳이 가장 적합한 장소이겠지만, 임대료가 비싼점이 약점으로 작용할 것이다. 이를 감안하여 업소의 위치를 선정하여야 한다.

둘째, 고객이 편안하게 느끼는 인테리어를 설치하는 것이다. 원래 식당의 의미는 고객이 편안히 쉬며 원기를 회복하기 위한 장소인 것이다.

---

6 http://kosis.kr/search/search.do 국가통계포털

고객이 가정과 같은 편안함을 느낄 수 있도록 설계하여야 한다.

셋째, 안정적인 업종과 대중적인 품목을 선정하여야 한다. 음식점영업에서는 유행을 타는 업종과 품목은 피해야 한다. 고객이 사계절 찾는 음식을 선정하는 것이 창업했을 때 안정화를 기할 수 있다. 남녀노소 누구나 언제든지 친근하게 접근 가능한 품목이라면 성공할 수 있다.

넷째, 부담없는 가격으로 높은 만족도를 줄 수 있는 메뉴를 선정해야 한다. 가격은 경쟁력이다. 1인당 단가가 2만원을 넘으면 고객에게 부담이 된다. 고객의 입장에서 부담없는 가격으로 높은 만족도를 줄 수 있는 메뉴를 선정해야 한다.

다섯째, 안정적인 원재료의 공급과 품질을 유지할 수 있어야 한다. 모든 영업에서 원재료의 원활한 수급은 영업의 성패를 좌우한다. 품질이 우수한 식재료가 안정적으로 공급되도록 식재료 공급처를 확보하여야 한다.

여섯째, 식재료 구입비율과 매출 수익률을 고려해야 한다. 월 매출이 1억이 되더라도 수익률이 10%도 않된다면 결과적으로 소득이 없다. 매출수익률이 10% 이하일 경우 재고해야 하고 20% 이상이면 대박이다. 새벽시장은 품질이 우수한 식재료를 구입할 수 있으나 단가가 높은 단점이 있으므로 식재료 구입비용을 줄이기 위해서는 오후 늦게 구입하는 것도 하나의 방법이다.

일곱째, 합리적인 운영비율이다. 가격 경쟁력이 있어야 한다. 매출가격을 기준으로 할 때 ① 식재료비가 매출액의 35%, ② 건물임차료 10%, ③ 인건비 20%, ④ 기타 판매비와 관리비 10% 정도의 비율이 되어야 음식점은 부가가치세와, 신용카드수수료를 합산한 금액의 약 10%의 비용을 차감하고 약 15% 내외의 이익을 얻을 수 있다.

여덟째, 인건비를 최소화하여야 한다. 서비스 원가의 큰 비중을 차지하는 것이 인건비다. 20% 이상의 수익률을 보장하기 위해서는 인건비가 20%를 넘지 않도록 하는 것이 필요하다. 날로 치솟는 인건비를 줄이기 위해서는 자동화 장비를 최대한 활용하여 인건비를 줄이도록 하여야 한다. 더욱이 원재료가 가공된 형태로 공급된다면 인건비를 줄일 수 있다.

3. 안심음식점을 창업하여야 한다.

2019년 12월 1일 중국 우한에서 코로나19가 최초로 발생한 이래 우리나라를 비롯하여 세계적으로 확산되고 있다. 학자들에 의하면 일반국민들이 면역력이 없는 데다 백신과 치료제가 없어 유행이 당분간 계속될 것이라고 한다. 급기야 세계보건기구 사무총장인 테워드로스 아드하놈 거브러여수스는 2020년 3월 11일 Pandemic을 선언하고 물리적 거리두기(Physical distancing)를 권고하고 있다. 코로나19의 범세계적 유행으로 여행업계는 물론 유통업계, 서비스업계, 외식산업의 피해가 심각하여 폐업하는 업소가 속출하고 있다. 중소기업은 물론 자영업자의 피해가 더욱 심각한 실정이다. 2020년 3월 서울에서 문을 닫은 음식점과 술집 등의 폐업률이 지난해 보다 늘어난 것으로 나타났다. 이는 2019년 동기간과 비교해서 9% 가량 증가하였다.[7] 인건비 증가 등으로 외식업 영업여건이 악화된 데다 2020년 1월부터 범세계적으로 유행한 코로나19의 발생을 억제하기 위하여 강력하게 사회적 거리두기를 실시한 결과 매출부진이 본격화한 탓에 폐업한 음식점들이 지난해 보다 더 증가한 것으로 보인다.

이러한 가운데에서도 고객들이 자주 이용하는 음식점이 있다. 이를 분석해 보면 ① 종업원들은 마스크를 항상 착용하고 고객에게 서비스 하고 있다. ② 식당내 손 소독제를 항상 비치하고 있다. ③ 종업원은 항상 깨끗한 복장을 착용하고 있다. ④ 식당내에 체온계를 항상 비치하고 실

7 2020. 3.23일 서울 열린데이터 광장

측할 수 있도록 하고 있다. ⑤ 구취제거용 고글을 항상 구비하고 있다.

4. 음식점 명칭도 중요하다.

동양사람들은 전통을 중요시하고 서양사람들은 새것과 변화를 중요시한다. 특히 한국은 전통 중에서도 원조를 중요시한다. 원조보리밥집, 팔당 원조칼제비칼국수, 마포 원조떡볶이, 원조 부안집 등 원조라는 명칭을 많이 사용한다. 그만큼 전통을 중요시한다는 말이다.

안양시 계원예술대 뒤에 위치한 "원조보리밥집"은 시내로부터 멀리 떨어진 식당인데도 불구하고 40여년간 전통을 이어 가면서 보리밥집을 운영하고 있다. 일반고객, 등산객들이 사시사철 붐비고 있다. 메뉴는 보리밥, 감자전, 도토리묵에 야채가 전부이다.
건강식이면서도 회전이 빨라 고객이 장시간 머물지 않는 것이 장점이다. 또한 종업원들이 창업주와 더불어 40여년간 종사하고 있어 애사심이 강하다는 점이다.

3절. 음식점 운영시 지켜야 할 사항

음식점을 창업하고자 할 때에는 현지 타당성 조사를 하거나 전문가의 상담을 받아 지역의 특성을 파악하고 창업하려는 메뉴와 주 고객층이 누구인지 조사해야 한다. 예를 들어 오피스 빌딩 지하에는 점심시간대에 직장인이 많이 모이는 데 주점은 어울리지 않는다. 하루 종일 근무한 빌딩 지하에서 술 먹기 좋아하는 직장인은 거의 없다. 오히려 사무실 인근 식당을 선호하기 때문이다.

첫째, 최대한 주방을 open하라. 미국 하버드대학에서 주방 개방과 관련하여 조사했더니 17.3%의 고객이 주방개방을 원했다는 조사결과를 알 수 있다. 이것은 고객이 주방을 개방하는 식당을 믿을 만한 식당이라고 생각한다는 것이다.

둘째, 고객은 왕이라는 마음을 가지고 영업하라. 고객은 왕이라는 신념을 가지고 영업에 임하라는 의미는 그만큼 고객이 식당에서 집에서 밥 먹듯이 편하게 대접 받으면서 식사할 수 있도록 서빙하라는 의미이다.

셋째, 동일 식품의 동일 품질을 유지하라. 제공되는 음식은 한결같이 동일한 품질을 유지하여야 한다. 식당의 경우 조리자에 따라 국물 맛이 다르다거나 반찬 맛이 다를 경우 고객의 신뢰를 얻을 수 없다. 따라서 동일한 음식맛은 식당운영의 성공을 결정하는 중요한 요소이다.

넷째, 주변 고객의 소비 패턴을 조사하라. 음식점 주변 고객의 소비패턴을 확인하지 않고 식당운영을 할 경우, 백전백패이다. 주변인구가 학생층인지, 청년층인지, 노인층인지를 확인하여 대비하는 노력이 절대적으로 필요하다.

다섯째, 식품의 유통기한을 목숨 걸고 지켜라. 식품의 유통기간은 식품의 품질을 좌우하는 중요한 요소이다. 일식집에 들렀을 때의 일이다.

손녀가 김밥을 먹고 싶다고 하여 김을 달라고 주문하였다. 김밥을 말아 손녀에게 주었는데 먹지 않고 뱉어 비렸다. 확인한 결과 김의 유효기간이 4개월이 지난 것이었다. 유통기한이 경과하면 음식의 맛과 질이 저하되는 것은 당연한 일이다. 식품의 판매시에는 유통기한이 도래되는 식품부터 처리하여야 한다. 모든 생물은 온도, 수분, 영양, 산도 등 조건이 맞으면 독자적으로 생존을 위하여 번식한다는 것이다. 미생물은 매 10분마다 번식하기 때문에 하루가 지나면 수십만개의 개체로 번식한다. 그래서 시간이 경과하면 할수록 식품의 부패는 물론 영양가의 저하도 뒤따른다.

여섯째, 평생 식당영업하겠다는 각오로 임하라. 한꺼번에 돈을 벌고 먹튀하겠다는 마음으로 영업을 시작했다가는 망하기가 쉽다. 우리나라는 자녀부양, 노후자금 준비부족 등으로 50세 이후에도 계속해서 일하고 있지만 대부분의 일자리가 비정규직으로 단순 업무에 종사하는 경우가 많다. 따라서 단순히 식당영업을 창업하고자 하는 경우가 많이 있다. 인생 1막에서 십여년 공부한 후에 30년을 일했듯이 새로운 인생 2막을 위해 준비한다면 인생 후반전도 행복한 삶이 될 것이다.[8] 이러한 현실 때문에 전문성과 경력을 바탕으로 인생 2모작으로 식당같은 영업에 도전한다면 성공할 수 있을 것이다.

일곱째, 우리나라 속담에 사촌이 땅을 사면 배가 아프다는 말이 있다. 우리나라는 남이 잘되는 것을 참지 못한다. 그만큼 영업하기에 경쟁이 심하다는 말이다. ○○ 호프집을 운영하는 사장인데 가장 큰 고충은 영업이 어느 정도 자리를 잡아가니까 인근 업소에서 청소년을 호프집에 고의적으로 들여보내어 적발되게 한다는 것이다. 견디다 못해 영업을 접고 말았다는 가슴 아픈 이야기가 있다. 따라서 이웃 동료 업자와 관계

---

8 네이버. 행복한 신사의 은퇴이야기

를 잘 유지하는 것도 영업을 지혜롭게 할 수 있는 방법이기도 하다.

여덟째, 식당내 금연, 청소년 주류 판매 금지, 도박금지, 애완동물 유입금지 등을 준수한다. 영업장소에서는 금연으로 되어 있다. 만19세 미만의 청소년에게는 술을 판매해서는 아니된다. 따라서 CCTV를 설치하여 문제발생시 증거로 제시할 수 있어야 한다. 만일 청소년들이 가짜증명서를 제시하여 술을 판매했을 경우나, 강압적인 방법으로 술을 팔았을 경우, 면제 받을 수 있으나 각종 증빙자료를 제시해야 하므로 용이한 일은 아니다. 따라서, 처음부터 청소년에게 술을 판매하지 않도록 하여야 한다. 청소년들이 영업장에 술을 가지고 와서 술을 마실 경우 영업주에게 책임이 있음을 알아야 한다. 영업장내에서 도박하는 것도 막지 못한 영업주의 책임이다. 또한 애완동물을 영업장내에 들여오는 것도 영업주에게 책임이 있음을 알아야 한다.

4절. 음식점위치 선정은 고객확보의 지름길이다.

창업 성공의 80%는 입지 선정이 좌우한다고 할 수 있다. 따라서 유동인구를 목표고객으로 하는 음식점창업의 경우 상권의 특징을 알아보고 입점지역과 상품, 목표고객과의 연결이 잘 되는 지 확인하는 것이 중요하다. 또한 우수한 상권에 입점하는 것도 중요하나, 더욱 중요한 것은 좋은 접근성으로 대중교통이나 고객의 발길이 닿기 쉬운 건물을 선점하는 것은 수익과 직결되는 중요한 부분이다.

보통 음식점을 시작하는 사람들은 상권위치가 좋지 않은 B급 상권을 찾게 되는 데 접근성에 문제가 많다고 느껴진다면 1급 상권에 2~3급 입지를 선택하는 것도 부족한 접근성을 보완하기 위하여 고려해 볼 수 있다. 또한 1급 상권에 창업하기 어려운 경우에는 백화점이나 병원 등의 특수상권에 음식점 창업을 해 보는 것도 좋은 방법이다. 다만, 특수상권은 일반상권보다 고려할 것이 많으므로 세심하게 선택해야 한다. 영업을 시작하기 전에 시장조사를 하고 상권을 분석해야 하는데 음식점 창업은 생계형이 다수이므로 짧은 시간내에 소득을 올리는 것이 중요하다. 이를 보완하려면 창업성공자의 경험을 알아보는 것도 유익하다.

1. 대도시 번화가

번화가나 교통의 요충지에서 영업을 하는 경우 유동인구가 많으므로 매출은 높으나 임대료 등 점포비용이 많이 드는 단점이 있다. 또한, 유동인구가 많다고 아무런 아이템이나 적합한 것은 아니므로 자원을 잘 활용할 수 있는 업종을 선택해야 한다. 번화가의 경우 점포비용 등의 요인으로 음식점은 대로변 보다 대로변 뒷골목 즉, 이면도로에 많이 모여 있게 되는 데 이 경우 대중음식점이나 주점을 하는 것이 무난하다. 대로변에서는 고객층이 넓은 유명체인 제과점이나 젊은 층을 상대로 한 롯데리아, KFC 등과 같은 패스트푸드점이 유망하다. 그리고 터미널에 입점한 경우에는 빠른 시간에 식사를 마칠 수 있는 분식이나 간이식당이 유리하다.

명동교자

서울시 중구 소공동에 소재한 명동교자는 칼국수, 만두, 콩국수 등을 전문으로 하는 식당인데, 식당에 들어가면 고객수에 따라 준비된 테이블로 안내하고 있으며, 최근에는 혼밥족이 많으므로 1인용 테이블도 준비되어 있다. 테이블에 앉으면 주문과 동시에 선결재하며, 이런 저런 수다를 떨다 보면 음식이 배달되어 지루함을 느낄 수 없다. 또한 밖에는 연일 40도를 넘나드는 날씨임에도 에어컨 시설이 잘되어 있어 식사하면서 잠시 쉬어 갈 수도 있다.

2018년 더위가 한창인 7월말 평일 오후 2시경 식당을 찾았는데 외국인 손님들이 줄을 서서 기다리고 있었다. 과거에는 우리나라 사람들이 단골 고객이었는데, 외국인들로 바뀌었음을 알 수 있다. 또한 같은 해 추석연휴 오후 3시경에 들렀는데 대부분의 식당이 쉬고 있는 시간에도 80% 이상의 고객들이 두 줄로 대기하는 모습을 보고 깜짝 놀랐다. 이렇게 많은 손님들이 찾는 비결은 무엇일까? 반찬은 김치 한 가지가 제공되는 데 먹다가 부족할 경우, 손님이 요구하기 전에 김치를 추가로 제공하고 있다. 음식의 맛과 비주얼 또한 우수하다. 칼국수는 부드러운 식감이 있고 국물 맛 또한 느끼하지 않고 맛있다. 과거에는 닭 국물 육수였는데, 현재는 쇠고기 육수에 칼국수와 만두 4개를 넣어주고 그 위에 쇠고기를 얹어 주는 것은 음식값에 비하여 풍성하게 느껴진다. 고객이 요구할 경우 국수사리를 추가해주고 밥도 추가로 서비스 해주고 있다. 직원들의 서비스 자세 또한 반듯하고 예의바르다. 손님이 무엇을 원하는 지를 미리 알고 응대하는 점은 창업자들이 배워야 할 점이다.

2. 오피스텔 또는 병원내 식당

사무실이나 학교 부근과 같이 직장인, 학생, 사업자들이 많이 모여 있는 곳에서는 식사, 음료, 주류, 간식 등 가격부담이 적은 음식점이 유리하다. 정기적으로 지출해야 하는 점심 식대에 많은 금액을 지불하지 않으려는 습성이 있어 가격부담이 적은 메뉴가 적합하다. 고객들은 소형금액의 메뉴에 집착하여 식당을 선택할 수도 있다. 다만, 저녁 시간대에는 퇴근 후 느긋한 마음으로 회식하거나 좌담을 하면서 주류나 음식을 많이 소비할 수도 있으므로 고객의 취향에 맞는 메뉴를 개발하여 제공한다면 실속 있는 장소가 될 수 있다. 장소 선정시 점심시간이나 퇴근, 하교시간에 직장인이나 학생 등의 움직임을 잘 파악하여 동선이 잘 형성된 곳을 선택하여야 한다. 도보로 걸을 수 있는 거리는 사무실이나 학교에서 5분 이내에 도달할 수 있는 곳이 적합하므로 이 범위내 점포를 구하는 것이 좋다.

현대 아산병원 음식점

병원에서 음식점을 운영하고자 할 때에는 수익성을 고려하고 고객이 지속적으로 찾아오는 지를 사전에 조사하여야 하는 데 현대아산병원의 경우, 고객이 들어오는 지상 1층 입구에 카페를 운영중이어서 고객들로 항상 붐빈다. 백화점과 식당이 병원 지하에 위치하는데, 한식점, 간이음식점, 편의점, 제과점을 같이 운영하고 있어 마치 시장에 온 것 같은 착각을 일으킬 정도로 고객들로 붐빈다. 원하는 음식을 찾아 식당에 들어가면 손님들이 줄을 서서 기다리는 모습을 볼 수 있고 종업원이 고객수에 따라 1인용, 2인용, 4인용 등 정해진 테이블로 안내하고 있다. 식당내 반찬은 다양하지는 않지만 필수적인 찬은 모두 제공하고 있다. 고객이 대부분 환자와 보호자이므로 테이블 회전율이 높은 편이다. 병원에서 식당을 운영하기 전에 사전 조사하여 어떤 음식을 전문으로 할 것인가를 결정하는 것이 중요할 것이다.

3. 백화점내 식당

음식점의 경우 소매점과 마찬가지로 상권은 고객과의 거리가 매우 중요하다. 일반적으로 고객들은 식당 메뉴가 같고 가격이 비슷할 경우 가능하다면 가까운 장소에서 식사를 하고 싶어 하기 때문이다. 음식점의 경우, 점포의 입지 조건이 수입에 큰 영향을 미치게 된다. 또한 음식점의 영업범위는 각 점포가 갖고 있는 입지 조건에 따라 다를 수도 있다. 같은 거리에 있는 음식점일지라도 고립 지역에 있는 음식점보다는 시장이나 상점가에 있는 음식점의 상권이 더 넓으며 주택가에 위치한 음식점의 상권은 좁다. 그리고 음식점의 상권은 취급하는 음식의 종류에 따라서도 범위가 다르다. 같은 위치에 있는 음식점이라도 취급하는 음식 메뉴가 무엇이냐에 따라 상권의 범위가 다르다.

호텔내 식장이나 쇼핑센터의 간이식당과 같은 기생 점포는 독자적인 상권을 갖지 못하므로 호텔이나 쇼핑센터 자체의 상권 크기에 따라 절대적인 영향을 받게 된다. 외식 업종의 장소는 어떤 고객층을 대상으로 영업을 할 것이냐에 따라 사무실이나 학교, 번화가, 터미널, 주택가, 대형식당의 장소 등으로 나누어서 생각해 볼 수 있다. 식당을 찾는 고객들이 주로 자동차를 이용한다면 충분한 주차공간의 확보가 필요하며, 다소 한적한 곳에 위치하더라도 가능하다.

신세계백화점

남대문에 위치한 신세계백화점은 구관과 신관으로 운영중인데, 구관은 명품 시계, 명품가방 등 고가품 중심으로 운영하고 신관은 생활잡화 중심으로 판매하고 있다. 지하에는 패스트푸드점, 음식점 등 식음료 매점을 운영중인데 손님으로 항상 붐빈다. 식당 인테리어는 깔끔하고 아기자기 하게 꾸며져 있으며 식음료는 위생적이고 신선하게 공급하기 위하여 노력하는 것 같다. 종업원들은 친절이 몸에 배어 있어 다시 찾고 싶은 마음이 생긴다.

만석장

만석장은 범계역 인근, 롯데 백화점 8층 극장가에 위치한 한식당인데 3대째에 걸쳐 두부요리를 전문으로 운영하고 있다. 극장 손님과 더불어 고객들이 많이 이용하고 있으며 극장 관람하기 전에 줄을 서서 대기하는 모습을 볼 수 있다. 낮 시간대인데도 불구하고 은퇴자나 가정주부들이 삼삼오오로 모여들고 있어 항상 적당한 고객을 확보할 수 있으며, 임대료가 합리적이고 수익성이 보장된다면 도전해볼 만한 것 같다.

4. 주거지역

주택가에서는 지역 주민을 대상으로 한 제과점, 분식점, 중화요리점 등의 사업이 유망하다. 이 경우 장소 선정은 생활권의 중심이 되는 상점가나 재래시장에 위치하는 것이 좋다. 주택가의 경우 사람이 이동하는 동선의 중심은 재래시장이나 상가지역으로 국한되어 있기 때문에 이 위치에 입점하는 것이 중요하다. 위에서 열거한 제과점이나 분식점, 중화요리점 등은 주민들이 식사대용, 간식, 손님 접대 등으로 수시로 이용하기 때문에 동선상에 위치하여 가시성을 높이고 경쟁력을 향상시키는 것이 중요하다.

세곡산촌가든

과천에 "세곡산촌가든" 이라는 한식집이 있는데, 이 식당은 영업을 시작한지가 오래되어 단골고객이 많은 장점이 있으나 번화가에서 멀리 떨어져 있는 단점이 있는 데도 불구하고 항상 예약손님들로 꽉 차 있다. 점심시간은 물론 주말에도 예약하지 않으면 식사하기가 힘들 정도이다. 한식임에도 10,000원만 내면 맛있게 다양한 찬과 함께 식사할 수 있다. 이 식당은 주택가에 위치하고 있지만, 음식맛이 깔끔하다는 입소문과 가격이 저렴하고 식재료를 영업주가 직접 어시장에서 구입한다는 소문과 함께 과천시의 토박이라는 이점으로 단골고객이 많은 것 같다.

인덕원 동편마을 빵집 go le pain

인덕원 동편마을 대로변에서 뒷골목에 위치한 빵가게인데도 불구하고 빵을 구워서 내어 놓는 즉시 다 팔린다. 빵 배출시간에 맞추어 고객들이 줄지어 서 있다. 입지조건이 나쁜 위치인데도 불구하고, 빵을 굽는 원료가 믿을 만하고 wellbeing 빵이라는 입소문과 품질의 우수성으로 고객의 사랑을 받는다.

5. 주차가 편리하고 임대료가 저렴한 장소

현대와 같이 교통이 발달되고 소비자의 욕구가 다양한 시대에서는 좋은 상권에서 영업해야 돈을 벌 수 있다는 고정관념은 잘못된 것이다. 과거 자가용이나 스마트폰이나 네비게이션이 없을 때에는 위치가 중요시 되었다. 그러나 현재는 대도시처럼 교통이 복잡하고 왕래가 불편한 식당보다는 조금은 외떨어졌으나 주차하기 편리하고 쾌적한 식당을 더 선호한다. 굳이 비싼 권리금과 임대료를 지불하면서 주변에 영업주들과 경쟁할 필요가 없다는 것이다.

5절. 인테리어를 고객의 눈높이에 맞추어라.

음식점은 판매를 목적으로 하는 시설이므로 최대의 영업이익을 올리기 위하여 설계되어야 한다. 그래서 확보된 공간에 초기 투자되는 자금계획을 수립하여야 한다. 이후 실내 인테리어를 구상하여야 하는데 업소를 운영하는 사람의 취향이나 느낌도 중요하지만 고객이 누구인가에 따라 설계되어야 한다. 어떤 사람을 대상으로 할 것인가는 주 고객층이 누구냐인 것이다. 방문하는 연령층의 취향을 고려한 인테리어는 실용적이고 시각적 이미지를 구상해야 할 것이다. 시설을 설치하는데 있어 미래지향적인 이미지를 구상하는 것은 인테리어 비용의 절감과 업소의 이미지를 구축하는 데 중요한 요소이다.

인테리어 설치와 객석배치는 영업장을 효율적으로 운영하기 위해서 중요하다. 고객들은 음식을 먹기 위해서 방문할 뿐만 아니라 대화나 각종 모임 등 다양한 동기로 식당을 찾는다. 이러한 모임에 적합하도록 식당의 인테리어를 설계하여야 한다. 인테리어 공사는 영업장을 실측하고 재료비, 인건비 등을 포함하여 견적을 내고 계약, 공사시작, 중간점검 후 마무리 시공, 공사완료의 순으로 진행되는데. 공사시에는 실내공사, 간판공사, 주방설비, 가구공사로 세분화하여 점검하여야 한다. 간판을 설치하였으나 허가관청의 점검결과 불법간판으로 지적되어 과태료와 더불어 추가비용이 지출되는 경우가 있다. 인테리어를 결정하기 전에 충분한 사전답사와 필요한 자재 등을 점검하고, 구입하려는 식기와 탁자의 색깔도 염두에 두고 전체적인 실내장식을 구상하는 것이 중요하다. 시공업체의 말만 믿고 설치하다 보면 전체적인 조화가 맞지 않을 수도 있다.

1. 테이블 배치

테이블은 1인용에서부터 다인용 등 입식으로 다양하게 배치할 수 있다. 고객의 내방 추세에 따라서 테이블을 적당히 배치해야만 고객을 충분하게 수용할 수 있다.

명동 롯데백화점과 평촌 롯데백화점 음식점

명동 롯데백화점 본점 지하 식품점은 넓고 바둑판 같이 잘 정돈되어 있지만 항상 붐비기 때문에 시간적인 여유를 가지고 식사하는 장소로는 부적당하다. 다만, 6층의 식당은 여유가 있어 편안한 마음으로 식사를 즐길 수 있고 값도 적당하다. 평촌 롯데백화점은 붐비고 있어 다소 비좁은 분위기이다. 식당은 영업이익을 위해서 최대한 많은 고객을 유치해야 하지만 고객들의 경제력과 취향에 따라서 객석을 배치하여야 할 것이다.

명동 롯데백화점

평촌 롯데백화점

2. 식자재 보관함 설치

구이전문점의 경우 식자재 보관함을 테이블 아래에 설치하면 고객서비스가 훨씬 빨라진다.

명동교자의 경우도 수저 등 식자재를 고객테이블에 비치하고 있어 고객이 직접 준비하므로 일손을 덜 수 있다.

3. 서비스 스테이션

종업원이 고객에게 손쉽게 식자재를 공급하기 위해서는 서비스 스테이션을 만들어 손쉽게 식자재가 서비스되도록 하면 주문한 후에 식사 제공하기까지 많은 시간을 절약할 수 있다.

과천 뉴코아백화점 다온정

과천 뉴코아백화점의 6층에 위치한 한식당인데 실내조명과 인테리어가 고객을 유인하기에 충분하며 고객이 담소하면서 음식을 즐길 수 있다. 또한, 서비스 스테이션이 한곳에 구축되어 있어 종업원들이 활동하기에 편리한 장점이 있다.

4. 아동놀이터 설치

아동놀이터의 설치는 젊은 층 고객을 유치하기 위한 필수 시설이다. 현대는 핵가족 세대이므로 휴일에는 자녀들과 외식을 주로 한다. 고객을 유치하기 위해서 필수적으로 부모들이 마음 놓고 식사할 수 있도록 유아놀이시설 등 놀이시설이 필요하다.

안양시 호계4거리 갈비명가

안양시 호계동에 위치하고 있는 데 1층은 주차장으로 2층과 3층은 식당으로 활용하고 있다. 다른 식당과 차별화한 것은 2층에 아동 놀이터를 설치하여 아이들끼리 놀 수 있도록 하였기 때문에 식당에서 부모들이 편안하게 모임도 하고 음식을 먹을 수 있다는 점이다. 또한 숯불갈비를 제공하는데 다른 식당에 비하여 고기를 풍부하게 제공하고 값도 다소 저렴하여 그런지 점심시간과 주말에는 가족단위의 손님들이 많다. 저녁시간대는 주로 갈비 손님들이 많아 아이들을 대동하고 일반메뉴를 주문하기에는 어려운 점이 있을 정도로 손님들이 많이 찾는 특성이 있다.

6절. 신속하고 정확하게 영업신고 하기

음식점 영업을 하기 위해서는 식품위생법 등에 맞는 서류를 구비하여 관할 시·군·구청에 신고해야 하는 데, 우선, 어떤 업종으로 할 것인지 결정하여야 하고. 둘째, 식품위생법에서 정한 바에 따라, 시설기준에 맞는지를 확인하여야 하며, 셋째, 한국외식업중앙회가 주관하는 교육을 받아야 한다. 신규창업시 알아야 할 사항에 대하여 정리해 본다.

1부. 신규 영업신고시 알아야 할 사항

1. 식품위생법 등 관련법령[9] 검토

식품위생법 이외에 지켜야 할 법령으로 식품안전기본법, 어린이 식생활안전관리특별법, 보건범죄 단속에 관한 특별조치법, 건축법, 다중이용업소의 안전관리에 관한 특별법, 공중위생관리법, 감염병의 예방 및 관리에 관한 법률, 축산물위생관리법, 수산업법, 주세법, 인삼산업법, 농수산물 품질관리법, 학교급식법, 농약관리법, 수질 및 수생태계 보전에 관한 법률, 청소년보호법, 먹는 물 관리법, 국토의 계획 및 이용에 관한 법률, 성매매알선 등 행위의 처벌에 관한 법률 등이 있다. 이렇게 많은 법을 혼자서 다 점검하기에는 어려운 점이 많다. 이 경우 담당 공무원이나 행정사, 법무사 등의 자문을 받아 신고수리절차를 밟으면 수고를 덜 수 있다.

---

9 https://www.foodservice.or.kr (사)한국외식업중앙회, 위생교육교재(2018 일반음식점 종사자), 2018

2. 신규 위생교육

한국외식업중앙회가 주관하는 교육을 직접 수강하거나 온라인 교육을 받는데, 시간이 허용된다면 위생교육원에 출석하여 교육을 받는 것이 보다 더 현실적이고 다양한 정보를 얻을 수 있다. 신규교육 수강료는 26,000원이다. 2021년부터 신규창업자의 경우 교육원에서 집합교육을 받도록 식품위생법 법률이 개정되었다.

3. 건강진단결과서(인근 보건소 또는 병의원)[10]

신분증과 수수료 3,000원을 지참한 후 보건소에서 검사를 받는데, 검사 후 발급까지 약 3~5일 소요된다. 접수증으로는 검사결과 이상이 없음이 증명되지 않으며, 반드시 이상이 없다는 검사결과를 확인한 후 영업에 종사하도록 해야 한다. 위생업소에 대한 점검시 접수증만 있거나 교육의 유효기간이 경과되어 적발되는 경우가 상당히 많이 있다.

4. 수질검사성적서

지하수를 먹는 물 또는 식품의 조리, 세척 등의 용도로 사용하는 업소의 경우에는 "먹는 물 수질기준 및 검사 등에 관한 규칙 제4조"에서 정한 바에 따라 2년에 한번은 67개 전 항목에 대하여 1년에 한번은 일부항목(14항목)[11] 에 대하여 먹는 물 관리법에 따른 수질검사기관에서 검

---

10 식품위생분야 종사자의 건강진단규칙 제5조(총리령 제1114호, 2018년 3월 28일) : 2018년 7월 1일부터 1천500원을 3,000원으로 한다.

11 일부항목 검사 : 일반세균, 총대장균군, 대장균 또는 분원성대장균군, 불소, 암모니아성 질소, 질산성질소, 냄새, 맛, 색도, 망간, 탁도, 알루미늄, 붕소 및 염소이온 등 14종

사를 받아 마시기에 적합하다고 인정된 물을 사용하여야 한다. 아울러 수질검사기관이 음용에 적합하다고 판정된 수질검사 성적서를 보관·관리하여야 한다.

5. 액화석유가스 사용시설 완성 검사필증(LPG 사용시)

액화석유가스(LPG)를 사용할 경우에는 한국가스안전공사에서 액화석유가스 사용시설 완성 검사필증을 받아야 한다.

6. 소방방화시설 완비 증명서

소방시설의 경우, 최근 발생된 대형화재로 인하여 한층 강화되었으므로 관할 소방서에서 소방방화시설 완비 증명서(지하 66m^2 이상, 지상 2층 100m^2 이상)를 받아야 한다.

7. 영업 신고시 구비서류

○ 영업주

대리인의 경우는 영업주의 인감도장, 인감증명서, 위임장, 대리인 신분증을 지참하고, 법인의 경우는 법인등기부등본, 법인인감증명서, 법인인감도장, 위임장, 대리인신분증을 지참, 영업장 소재지를 관할하는 시·군·구청 위생과에 제출하여야 한다.

○ 식당영업이 종료된 사업장에 신규로 영업신고를 할 경우

종전 영업자가 폐업신고 없이 임대차 계약이 종료된 경우 신규 영업신고가 불가능하다. 이 경우 영업신고 폐업 방법은 1) 기존 사업주가 직접 폐업신고를 하는 경우와 2) 임대인이 직권으로 말소 신청을 하는 경우가 있는데 2) 번의 경우는 시일이 상당기간 소요되므로 계약체결시 폐업여부와 영업승계가 가능한지를 확인하여야 한다.

○ **구비서류**

식품영업신고서, 위생교육수료증(최근 2년 이내), 건강진단결과서(최근 1년 이내), 임대차계약서 사본, 영업주 신분증, 액화석유가스 사용시설 완성 검사필증(LPG 사용시), 소방방화시설 완비 증명서(지하 66m^2 이상, 지상 2층은 100m^2 이상), 수질검사성적서(지하수 사용시), 신고전 건축물 용도 및 이중등록 여부 확인, 수수료(28,000원)

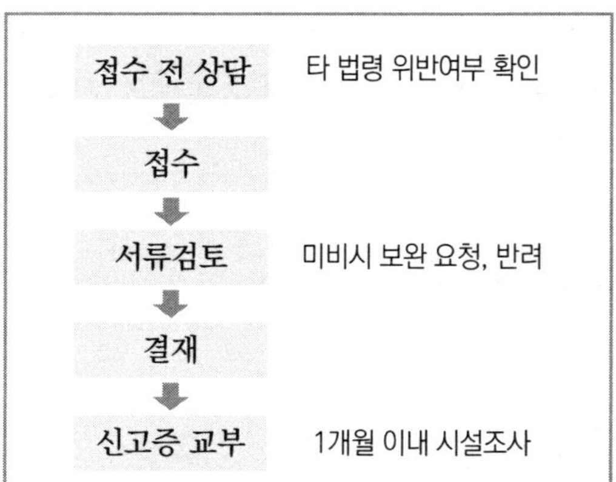

그림1. 영업신고 신고수리 절차도

8. 사업자등록 구비서류

음식점 영업을 하고자 하는 자는 영업장 소재지를 관할하는 세무서에 사업자등록신청서(공동사업자인 경우 동업계약서)와 함께 영업신고증과 임대차계약서를 첨부하여 사업자 등록 신청을 한다.

일반·휴게음식점·제과점 신고(사례)

1. 영업의 종류
   ○ 일반음식점영업 : 음식류를 조리·판매하는 영업으로 식사와 함께 음주가 허용되는 영업
   ○ 휴게음식점영업 : 주로 다류(茶類), 아이스크림류 등을 조리·판매하거나 패스트푸드점, 분식점 형태의 영업 등 음식류를 조리·판매하는 영업으로 음주가 허용되지 아니하는 영업. 다만, 편의점, 슈퍼마켓, 휴게소, 기타 음식류를 판매하는 장소에서 컵라면, 일회용 다류 또는 기타 음식류에 뜨거운 물을 부어 주는 경우는 제외한다.
   ○ 제과점영업 : 주로 빵, 떡, 과자 등을 제조·판매하는 영업으로 음주행위가 허용되지 않는 영업

2. 구비서류
   ○ 식품 영업신고서 1부(해당 부서 비치)
   ○ 위생교육수료증 1부
   - 일반음식점(한국외식업중앙회 산하 중앙교육원 및 산하교육원)
   - 휴게음식점(한국휴게음식업중앙회 산하교육원)
   - 제과점(대한제과협회 중앙회)
   ○ 건강진단결과서(보건증) : 보건소
   ○ 액화석유가스 사용시설 완성검사 필증(LPG 사용시) : 한국가스안전공사 산하 지역본부
   ○ 소방·방화시설완비증명서 대상 : 지하업소 66㎡ 이상 및 2층 이상 100㎡ 이상인 경우(관할 소방서신고)
   ○ 수질검사 성적서(지하수 사용 시) : 수질검사기관
   ○ 확인사항
   - 건축물 용도(건축물대장) ; 건축행정팀
   - 하수 정화조 및 원인자부담금 관련 : 구청 하수팀
   - 식품위생 영업의 업종별 시설기준 적합 여부(제36조 관련) : 타법 저촉 사항 여부
   - 대리신고 시 : 위임장, 자필서명이 있는 위임인의 신분증명서 사본, 대리인 신분증
   - 법인의 경우 : 위임장(법인 인감날인), 법인등기부등본, 법인인감도장, 법인인감증명서, 대리인 신분증

2부. 기존 영업장 인수시 알아야 할 사항

영업을 개설하기에 가장 용이한 것은 기존영업자가 사용하던 영업장을 인수하는 것이 가장 좋은 방법인데, 이 경우 주의해야 할 사항은 첫째, 시설기준이 신고된 내용과 같은 것인지를 확인하여야 한다. 만일 시설기준에 맞지 않아 허가관청에서 허가 받은 대로 원상회복을 요구할 때에는 자금이 추가로 소요되기 때문이다. 둘째, 진행중인 행정처분이 있는 지를 확인하여야 한다. 이 경우 진행중인 행정처분 기간은 인수자에게 처분 받은 날부터 365일 동안 자동 승계되기 때문이다.

1. 영업장이 영업정지 상태인지를 확인하라.

영업을 하다보면 시정지시, 영업정지 등 다양한 행정처분을 받을 수 있다. 이러한 경우 영업을 계속 수행할 수 없어 영업장을 매도할 수밖에 없다. 영업정지 처분 받은 업소를 인수할 때에 주의하여야 할 사항에 대하여 소개한다. 다만, 이 경우 영업자가 영업정지 기간 동안 시설을 개보수 하는 것이 나은지 매도하는 것이 나은지 판단하여야 한다.

A 업자는 영업정지 3월의 행정처분을 받아 어쩔 수 없이 영업을 타 업주에게 넘겨주기로 하고 후임자를 물색하던 중 적임자를 만나 계약하여 넘겨주게 되었다. 후임 영업자는 영업장을 인수 받은 후 시청(위생과)에 신고서를 제출하였는데 주무관으로부터 영업정지 상태이므로 영업신고를 받아 줄 수 없다는 것이었다. 이와 같은 경우 영업을 할 수 없는 여건이므로 사전에 영업장 현황을 시, 군, 구청에서 확인한 후에 인수하여야 할 것이다.

2. 영업시설물 무단 확장여부를 확인하라.

영업을 하다 보면 주방, 테라스 등 내부를 임의로 개보수 할 수 있다. 이런 상태에서 업소를 타인에게 양도할 수도 있다. 인수 받은 상태에서 영업변경신고를 할 경우 업소가 신고한 내용과 달라 어려움을 당할 수도 있다. 그러므로 양수시에는 시설물이 아무 이상없는 상태에서 변경허가를 완료하는 조건으로 담보할 수도 있다. 즉 변경허가 전에 권리금을 1/2만큼만 지불하고 그 나머지는 변경허가가 완료된 후에 주는 조건으로 하면 시설 개보수에 따른 손실을 어느 정도 막을 수 있다.

음식점 인수시 영업시설 무단확장 여부 확인필요[12]

음식점을 전 업자로부터 인수받아 운영중, 허가관청의 지도 점검시 영업시설 무단확장에 대한 신고를 하지 않았다는 이유로 1차 시정명령을 받았다. 그 후 확인 점검시 시정하지 않았다는 이유로 2차 영업정지 처분을 받았다. 이 경우 영업 인수당시에는 몰랐다고 하더라도 미신고 부분에 대한 시정지시가 있었음에도 불구하고 시정하지 않아 영업정지 처분을 받은 것을 타당하다고 할 수 있다.

- 영업의 승계시에는 시설임의 변경부분에 대한 사실여부를 확인하고 불법시설물인 경우 인수전에 허가받았을 당시의 시설로 원상회복을 하도록 요구하여야 한다.

3. 양수자는 양도자가 업소 인근에 동일한 영업을 하는지 확인하라.

전임영업자가 양도한 후에 현영업장으로부터 50m 인근에 동일 영업

12 문병우, 무단으로 면적을 확장한 것을 모르고 음식점을 인수받았을 뿐인데, 음식과 사람, 2017 12월호 49p

을 개설한 때에는 겸업금지 가처분 신청을 하여야 한다. 이 경우, 동일 영업은 10년간 하지 못하도록 법에서 규제하고 있다.

4. 인수전 폐업신고여부를 확인하라.

영업장소를 인수할 때에는 양도 양수자와 함께 관할 신고관청을 방문하여 영업장의 행정처분사항과 폐업신고 사항을 확인하여야 한다. 폐업신고가 되지 않은 상태에서 영업을 하는 경우 무허가 영업이 된다. 물론, 양도자가 폐업신고를 해야 한다는 사실을 간과할 수도 있으나 대부분의 경우 건물주와 영업자간에 금전적인 분쟁이 해결되지 않아 발생한다. 이 경우 임대료 등 피해는 고스란히 후임영업주에게 넘어간다.

양도인은 사업자 폐업신고를 양수인은 임대차계약서와 신분증을 지참하고 사업자 등록증을 발급받아야 한다. 양도인, 양수인이 같이 관할 시·군·구청 위생과에 방문하여 영업승계(양도, 양수)하는 방법이 가장 안전하다.

제2편

효율적인 맛집 경영

7절. 소문난 맛집 창업사례
8절. 효율적으로 음식점 운영하기
9절. 클린 음식점 위생관리
10절. 영업시설물 설치 및 운영

7절. 소문난 맛집 창업사례

음식점 창업자들은 매년 경기가 어려워서 영업이 안 된다고 한다. 그런데 IMF 사건이 발생한 첫해를 제외하고는 국내 경기가 마이너스 성장을 한 사례는 없었다. 경기는 소폭이지만 성장하는 데 음식점영업은 계속 어렵다는 것이다. 문제는 경제여건이 아니고 자신의 경쟁력이 떨어지고 있는 것이다. 대부분의 음식점 경영자들은 외부환경 탓만 하고 있는 것이다.

가장 큰 변화는 신용카드로 결재하면서 발생했다. 그동안 숨겨졌던 매출이 카드로 전환하면서 현금수입업종으로 지목된 음식점의 부가가치세와 종합소득세가 현실화되기 시작했다. 또한 축소 납부하던 세액이 점진적으로 현실화되기 시작했고, 4대 보험[13] 가입도 의무화되었다. 더불어, 신용카드 사용 비중이 증가하면서 신용카드 결재 수수료도 큰 비중을 차지하기 시작했다. 이 기간 동안 음식점의 수익구조는 매우 열악해지고 있었다. 세금, 인건비, 임차료, 식재료비는 계속 인상되었지만 음식 가격은 제자리걸음을 하고 있었기 때문에, 이익은 줄어들어서 더 이상 견딜 수 없는 상황에 이르게 되었다.

최근 음식점의 폐업이 급격히 증가하는 원인을 경기불황과 최저임금 인상이라고 하지만, 실제로는 오래전부터 진행되어온 음식점의 비용구조 악화요인이 누적된 것이라고 보는 것이다. 최저임금의 급격한 인상은 음식점 폐업에 방아쇠 역할을 한 것이다. 따라서 음식점의 구조적인 수익구조를 개선하지 않는 다면 국가에서 어떤 지원을 해도 문제를 근

---

13 4대보험 : 국민연금, 건강보험, 고용보험, 산재보험을 말하며, 노인장기요양보험을 포함하면 5대 보험이 된다.

본적으로 해결할 수 있는 대책이 되지 못한다. 정부가 추진하는 소상공인 지원대책은 일회성 지원에 불과할 것이다.[14] 최근 필자가 조사한 성공적인 맛집 창업사례를 소개한다.

1. 풍천민물장어 "삼억집"[15]

삼억집

흔히 알고 있는 풍천민물장어의 풍천은 전북 고창군 선운사 앞을 흐르는 고랑인 장수천과 관련이 있다. 밀물 때 서해 바닷물이 이 고랑으로 깊숙이 밀려들어 오면서 거센 바람까지 몰고 온다고 해서 "풍천"이라는 이름이 붙여졌다. 장어가 자라기 안성맞춤인 이 일대에서 키운 장어를 통념상 풍천민물장어라고 부른다. 서울지하철역 2호선 서울대입구역 8번 출구에 위치한 "풍천민물장어 삼억집"에서 파는 장어는 이지역에 있는 양만장에서 키운 것이라고 한다. 이 식당의 대박 비결을 알아본다.

① 장어를 산지에서 직접 구입해 구매원가를 낮춘다. 고창, 함평 등지에서 키운 장어가 매일 음식점 수족관으로 올라온다. 장어를 산지에서 많이 구입하니 구매원가와 소비자 가격을 낮출 수 있어서 다른 식당의 구입원가와 비교가 되지 않는다.

② 셀프서비스로 식품단가를 줄인다. 1층 직판장에서 장어를 사서 2층

14 김영갑 교수, 소상공인 자영업자 지원대책(음식점 영업과 폐업 악순환 진짜 문제는?), 상권분석과 마케팅, 2018. 8. 24

15 "삼억집", 음식과 사람 9월호, (사)한국외식업중앙회 p67~72, 2018

에 올라가서 테이블에 앉으면 채소를 포함한 기본 찬과 숯불이 제공되기 때문에 원가를 줄일 수 있다.

③ 주민 친화적 홍보를 한다. 홍보마케팅을 동네 어른들을 초대하여 경로잔치로 대신하였고 영업장관리는 최대한 자율적으로 하고 있다.

2. 생고기 전문점 "먹보한우"

먹보한우

경기도 광주시에 위치한 한우 음식점은 원래 시흥에서 영업을 하였는데 운영이 잘되어 지금부터 7년전 경기도 광주에 프랜차이즈 형식으로 분당점, 동백점, 하남점을 확대 개설하였다고 한다. 주 메뉴는 왕갈비탕, 보통갈비탕 등이 서비스 되는데 음식 값에 비하여 푸짐하게 갈비가 제공된다. 2018년 10월 오후 12시경에 광주에 볼일이 있어서 갔다가 지인의 추천을 받아 식사차 방문하였는데 고객이 홀은 물론 방마다 가득 차 있었다. 이집의 "대박 비결은 무엇일까" 하고 생각해 보았는데 결국 푸짐한 갈비와, 야채, 합리적인 단가, 직원들의 생동감 있는 서비스 등이 경쟁력이 있어 보인다. 또한 아기엄마들이 마음 놓고 음식을 주문하고 먹을 수 있도록 아가방을 운영하고 있다.

3. 위기를 기회로 : 열악한 위치를 기회요인으로 활용

영업장의 위치는 일반적으로 대도시 도로변이나, 사람들이 많이 모이는 1층이 가장 좋은 장소일 것이다. 그러나 자금여력이 여의치 않을 경우 제3의 장소를 선택하여 영업을 할 수 밖에 없다. 여기 상식적으로 이해가 되지 않는 장소를 선정하여 영업으로 성공한 사례를 소개하고자 한다. 이 업소는 위기요인을 기회요인으로 활용하여 성공한 사례이다.

낙하산 샌드위치 가게[16]

호주 멜버른에 위치한 재플슈츠(Jafflechutes)[17]는 7층 건물에 위치한 샌드위치 가게이다. 보통 샌드위치 가게는 접근성이 좋은 1층에 위치하는 것이 일반적인 데 재플슈츠는 7층이라는 약점을 기회요인으로 활용한 것이다. 재플슈츠는 경험적 관점에서 새로운 가치를 개발하여 고객에게 7층에서 1층으로 낙하산으로 배달하고 있다. 고객은 온라인을 통하여 음식 받을 시간을 정하고 지정된 위치에서 낙하산을 타고 내려오는 샌드위치를 받아간다. 구매과정에서 새로운 가치를 제공하는 발상의 전환이다.

재플슈츠가 시사하는 바는 사업자의 창의적인 아이디어를 통해 고객들에게 '흥미'와 '신선함'을 주고 있다. 샌드위치를 팔았다는 것보다 고객에게 "흥미"를 팔았다는 것이 더 정확할 것이다. 고객에게 흥미를 선사한 재플슈츠는 각종 SNS를 통해 소문이 퍼지면서 7층에 위치한 데다 매장 하나 없는 최악의 조건에서도 고객에게 새로운 가치를 제공하는 멜버른의 명소가 되었다.

16 https://blog.naver.com/coramdeohee/220901422769

17 Jafflechutes(재플슈츠)는 호주식 명칭으로 Jaffle(샌드위치), chutes(낙하산)의 합성어로 낙하산 샌드위치라는 뜻이다.

예약식당으로 변신

"마리아 정 레시피"는 과천시 서울 대공원역 인근에 위치한 음식점인데 영업점을 인수하여 개업한 식당이다. 과천대공원역 인근에 있지만 손님이 많지 않아 과거에 많은 영업주가 장기간 영업하지 못하고 폐업하는 경우가 많았다. 그런데 현재 영업주는 운영 스타일을 대폭 바꾸어 예약손님만 받아 운영하고 있는데 항상 자동차를 몰고 온 예약 손님들로 가득 차있다. 가격도 일반 호텔 식당과 비슷한 수준인데도 불구하고 고급 외제차가 많이 보이는 걸 보면 성업 중임을 알 수 있다. 이전 영업자와는 전혀 다른 손님을 받아 운영하고 있다.

4. 대를 이은 카페운영으로 위치 홍보

명동 번화가에 위치한 카페 "가무"는 3대째 이어져 내려오는 커피숍인데 매장내로 들어가면 고풍스러운 인테리어가 눈에 띈다. 찾아온 손님들도 대부분 여러 해 동안 찾아온 단골들이며 그들은 테이블에 앉아 커피 한잔 시켜 놓고 옛 추억을 얘기하는 것들이 다른 커피숍과 차별화된 느낌이 든다.

5. 베트남 호찌민 한식당 “맛찬들”[18]

맛찬들은 대구 북구 서변동에 위치한 돼지 숙성육 전문점이다. 그런데 “맛찬들”이 4년전 호찌민 푸미흥에 1호점을 오픈했다. 1층부터 5층 까지 통째로 임대하였고 종업원 40여명이 근무하는 1등 한식당이다. 고기 g의 정량을 준수한다는 문구가 눈에 띄는 데 이것은 고객과의 신뢰를 강조하는 것이다. 창업자 입장에서는 매출액 보다는 영업이익이 중요하다. 주 고객층은 한국인이 70~80%, 베트남 현지인이 20~30%이다. 푸미홍 한인타운의 한인 10만명이 1차 고객이다.

① 매출액 대비 인건비 비율 7% 수준이다. 식재료 원가는 20%, 월 임차료 10% 미만, 세금 3%이다. 매출액 대비 영업이익률이 50%에 달한다. 점포 계약기간을 10년으로 체결한 것도 매력적이다.

② 베트남을 뼈속 깊이 사랑하라. 그 나라를 사랑하지 않고는 그 나라 사람들이 지갑을 열수 없다는 것이다. 한식당의 특성상 직원들과 긴밀한 관계를 유지하는 것이 핵심일 수 있다. 직원들의 생일까지 챙길정도로 그들과 호흡하는 노력이 직원관리의 핵심이라는 것이다.

③ 식재료 원가는 20% 미만으로 유지한다. 1차 식재료가 한국에 비해 저렴하고 풍성하다는 이점을 최대한 살렸다. 이 때문에 고추, 상추, 깻잎 등 여름채소가 풍성하다.

④ 손님과 직원간 다정감 넘치는 대화이다. 모든 고객에게 직원들이 고기를 먹기 좋게 구워주는 서비스도 그 중 하나이다.

⑤ 다른 가게와 경쟁하지 말고 고객만족도를 높이는 데 전념하라. 고객만족도를 높이는 상품서비스는 물론 소비자들의 정서에 맞는 맞춤형 서비스를 강조하는 현지 교육이 필요하다.

18 “맛찬들” 음식과 사람 8월호, (사)한국외식업중앙회 p48~51. 2018

8절. 효율적으로 음식점 운영하기

1. 음식점 주방 공동사용[19]

정부에서는 시설투자 등으로 어려움을 겪고 있는 영업자의 부담을 줄이기 위해서 같은 건물안에서 휴게 음식점, 제과점, 일반음식점 중 둘 이상의 영업을 하가나 일반음식점과 바로 인접한 장소에 즉석판매 제조가공업을 하려는 경우에는 주방을 공동으로 사용할 수 있도록 하고 있다.

전주 콩나물국밥

안양시 호계동 4거리에 위치하고 있으며 음식값도 저렴하지만, 영업장내에 카페를 운영하고 있어, 고객들이 식사한 후 커피를 저렴한 값으로 마시면서 담소할 수 있다. 인근에 아파트 단지가 있어 가족단위로 많이 찾고 있으며 주변에 사업장 직원들도 많이 이용하고 있다.

19 http://cafe.daum.net/bosadong/GlVd/137 보사동우회보, 2018년도 식의약품안전정책 이렇게 달라집니다. 2018년 1월

2. 식당에서 정육점 운영하기

과천시 별양로 아파트 상가내에 위치한 한식당(현대 정육점 식당)인데 정육점과 같이 영업해서 그런지 단지내 주민들이 고기가 믿을 만하고 음식값도 저렴하고 종업원들도 친절하여 점심시간이나 저녁시간에 많이 이용하는 식당이다. 주민들도 점심시간에 집에서 혼자 먹지 않고 친구들하고 같이 사먹는 습관이 있으며 메뉴도 다양하여 사계절 식당이라고 할 수 있다.

3. 혼밥식탁 운영

최근 들어 혼밥, 혼술족이 증가함에 따라 1인용 식탁이 증가하고 있다. 혜화동에 가마솥밥 전문점도 1인용 식탁을 운영하고 있어 직장인들이 점심을 먹는 데 값도 저렴하고 분위기도 좋아서 그런지 점심시간에 고객들로 항상 붐빈다. 중구에 소재한 롯데호텔 세미나장에서도 뷔페대신에 1인용 식탁으로 점심을 제공하고 있다. 음식물은 일반도시락에 비하여 깔끔하고 금방 제조해서 그런지 따뜻하고 맛있다.

롯데호텔 도시락

가마솥밥

4. 온라인 마케팅 전략

과거에는 입소문에 의하여 고객이 맛있는 식당을 찾아 다녔으나 고객들은 최근 언제 어디서든지 인터넷으로 맛집을 찾아 간다. 인터넷을 통하여 음식맛은 어떤지, 확인하기 때문에 홈페이지 관리에 관심을 갖고 세심한 정보를 담도록 해야 한다. 음식점에 대한 소비자의 불안한 심리를 안정시키기 위해서는 믿을 만한 정보를 게시하도록 해야 한다. 그러기 위해서 메뉴와 손님에 대한 정보를 공개하지는 않더라도 이용자들의 만족도를 공개할 필요성이 있다. 소비자들은 무엇보다도 기존 이용자들의 만족도에 민감한 반응을 보이기 때문이다.

5. 고객은 왕이다.

외식업 대표자가 모든 것을 고객에게 서비스할 수는 없다. 종업원은 영업현장의 최일선에 있으므로 대표자의 경영철학과 마음을 전달한다. 대표자는 지속적인 교육과 의사소통으로 종업원과 일심동체가 되어야 한다. 종업원과 많은 대화를 통하여 서로 이해하고 종업원이 대표자의 경영철학을 알도록 해야 한다. 그렇게 해서 한 번 방문한 고객은 영원한 고객으로 전환되도록 최선을 다해야 한다. 매출을 늘리기 위해서는 매장내에 TV를 제거하여 고객이 음식에 집중하도록 해야 한다. 고객을 유인하기 위해서는 그 식당이 아니면 맛볼 수 없는 특색있는 음식을 만들어야 한다.

6. 종업원 고정비를 절감하자.

2019년 최저인건비의 인상으로 영업주의 수익보다 종업원의 수입이 더 많은 경우가 비일비재하다. 일손이 많이 가는 서빙은 셀프구조로 만들고 손님들이 많이 몰릴 때에 3~4시간 정도 채용하고 일자리 안정자금을 신청하는 등 비용을 줄이는 것이 중요하다. 할일이 많다고 종업원을 더 채용하기보다 동네 아주머니에게 outsourcing[20] 하는 것이 비용을 절감할 수 있는 효율적인 방법이다.

2017년 김영란법의 시행과 살충제 계란파동, 조류독감의 영향과 2018년에는 최저임금(7,530원)제도[21]의 시행으로 외식산업은 위기를 맞고 있으며 설상가상으로 4차 산업혁명 시대의 도래로 음식의 배달과 조리가 인공지능이 담당하는 추세로 접어들고 있다. 요즈음 음식점에서 정보통신기술을 활용하는 무인음식주문용 키오스크를 만나는 것은 어렵지 않은 일이 되었다. 동남아 베트남에서는 음식을 주문하여 찾는 데까지 종웝원의 모습이 보이지 않고 기계만 보이는 식당이 등장하였다고 한다. 고정비를 줄이기 위하여 모든 업소가 증가하는 인건비 부담을 최소화 하여야 한다.

베트남 쌀국수점

혜화동에 위치한 베트남 쌀국수점은 베트남 종업원 2명[22]이 주방에서 조리하고 있으며, 한국인 관리인 1명이 홀에서 안내하고 있다. 쌀국수 값은 3,900

---

20 아웃소싱(outsourcing) : 기업업무의 일부 프로세스를 경영효과 및 효율의 극대화를 위한 방안으로 제3자에게 위탁해 처리하는 것을 말한다.

21 최저임금변화 : 2017년 6,470원, 2018년 7,530원, 2019년 8,350원, 2020년 8,590원

원으로 현재 인건비 부담이 과중한데도 외국인을 고용하다 보니 식대 인상 요인은 없는 듯 보인다. 음식값은 자동화기에 선불처리하면 바로 주방에 전달되어 신속하게 조리사가 조리하여 화면을 통하여 안내하게 된다. 그러므로 불필요한 카운터 인력을 줄일 수 있다. 값이 저렴하고, 맛이 있으며, 음식이 신속히 제공되는 등 장점으로 방문객도 꾸준히 증가하는 편이다. 한국인 관광객이 많이 방문하는 캄보디아의 경우 종업원 인건비가 1인당 $100/월 정도이므로 저렴한 인건비로 식당을 운영할 수 있어 참고할 필요가 있다.

가마솥밥 전문점

베트남 쌀국수점 바로 옆집에서 운영하는 가마솥밥 전문점은 손님도 많고 종업원도 많은 편이다. 영업을 창업하고자하는 사람의 입장에서 인건비를 줄이기 위해서 자동화 시스템을 도입하여 운영중이다. 가마솥밥이므로 베트남 쌀국수집에 비하여 시간도 더 걸리고 손도 많이 가는 편이며 값도 5,500원으로, 옆집 베트남 식당 보다도 1,600원이 비싼편이다. 또한 종업원도 많아 인건비 부담이 많이 되는 식당이다.

22 현행 노동법상 외국인 식당을 운영하는 경우 현지인을 2명 고용할 수 있다.

7. 식재료 구입비 절감으로 매출 원가를 줄이고 고급화 전략으로 승부하자.

좋은 식자재는 현지에서 구매할 수 있는 온라인 마켓이 저렴하다. 동네 슈퍼보다. 택배를 이용한 현지 직거래로 품질이 우수한 식자재를 저렴하게 구입할 수 있는 방안을 강구하여야 한다. 아울러 원산지와 생산자를 표시해서 고객에게 신뢰를 받도록 하여야 한다. 식당의 메뉴차림은 대동소이하다. 식당의 대박비결은 고객의 심리를 잘 알고 차별화 하는 것이다. 순댓국을 판매해도 주변 식당과는 차별화 하라고 지도한다. 다른 식당에서 7,000원 받으면 1,000원을 더 받아 그 이상 상당하는 음식을 더 제공한다. 싼 음식이 비지떡이라는 속담이 있다. 실제로 1,000원을 더 지출하여 3,000원 이상의 가치가 있는 음식을 먹는 다면 당연히 1,000원 더 받는 식당으로 갈 것이다.

고급화전략으로 메뉴의 고급화, 디자인의 고급화와 브랜드의 고급화 전략을 추구하여야 한다.

필자가 생각하는 것은 더하기 이론이다. 차별화 전략을 수립할 경우 단가당 이윤은 적을 수 있으나 전체 매출의 증가로 이익은 증가할 수밖에 없다. 이윤을 줄이면 매출은 늘어난다. 필자가 현업에서 경험한 바로는 샤브샤브 전문점, 해물탕 전문점, 한정식, 일식집, 깡통고기 구이집, 호프집, 라이브카페 등을 보면 여러 가지 음식을 판매하기 보다는 한 종류라도 제대로 운영하는 것이 중요하다고 생각한다. 고객은 영업주에 대한 믿음과 음식의 맛과 신선함과 전문성을 중요시하기 때문이다.

8. 청소년과 고속도로상에서 운전이 예상되는 운전자에게 주류를 판매하지 않는다.

19세 미만의 청소년이 각종 유해환경으로부터 보호, 규제를 목적으로 청소년보호법이 제정 운영되고 있으며 식품위생법도 각종 유해행위로부터 청소년을 보호하기 위하여 법률에서 영업자 준수사항으로 규정하고 있다. 식품접객업 중 유흥주점영업과 단란주점영업은 청소년출입·고용금지업소에 해당되며 일반음식점 중 음식류의 조리, 판매보다 주로 주류 판매를 목적으로 하는 소주방, 호프집, 카페 등의 영업형태로 운영되는 업소는 청소년고용금지업소에 해당된다.

- 청소년을 유흥접객원으로 고용하여 유흥접객행위를 하게 하는 행위 : 영업소 폐쇄
- 청소년 유해업소에 청소년을 고용하는 행위 : 영업정지 3월
- 청소년에게 주류를 제공하는 행위 : 영업정지 2월

고속도로 인근 휴게소에서 화물차 등 트럭 운전자에게 술을 판매한 후 운전자가 운전중에 혈중 알콜농도 0.03%로 측정되어 음주운전으로 적발되었을 때에는 술을 제공한 식당영업주가 도로교통법에 의거 음주운전을 방조한자로 처벌된다. 이 경우, 대리기사를 부르기 어려운 외곽지역이나 대화를 통해서 음주 후 운전한다는 사실을 알 수 있는 경우에도 음주운전을 방조한 자로 인정된다.

9. 식당내 흡연 및 도박을 금지하고 반려동물은 식당내 출입을 금한다.

식당내에서는 국민건강증진법 제9조제4항제24호에서 정한 바에 따

라 음식점 전체를 금연구역으로 지정하여 관리하여야 한다. 영업장내에서는 사행성 행위를 하거나 반려동물이 들어오지 못하도록 하여야 한다. 만일 고객이 반려동물을 반입하고자 한다면 출입구에 보관장소를 마련하여야 한다. 금연구역에서 흡연한 경우 10만원의 과태료를 부과하도록 되어 있고, 금연구역 미지정시에는 1차 170만원, 2차 330만원, 3차 500만원의 과태료를 부가하도록 되어 있다.

10. 음식점 영업자의 노무 · 세무관리는 확실하게 하자.

근로기준법이 정하는 바에 따라 임금, 근로시간, 휴가 등 근로조건의 기준을 준수하여야 하며 생산, 유통 단계에 참여하여 추가적으로 창출한 부가가치에 대하여 부가가치세를 납부하여야 한다.

1) 노무관리

(1) 근로계약서 작성

종업원 채용시에는 임금, 근로시간, 휴일, 휴가 등 근로조건을 명시한 근로계약서를 반드시 작성해야 한다. 위반시에는 500만원 이하의 벌금이 부과된다.

• 5인 이상 고용하는 사업장

일용직, 아르바이트, 계약직 등 명칭 여하를 불문하고 상시 근로자 5인 이상을 고용하는 모든 사업장은 연장, 야간, 연차, 휴일근무, 주유수당 등을 급여시에 미리 계산하여 포함시키는 근로계약서를 작성하면 임금으로 인한 분쟁을 줄일 수 있다.

• 주요근로조건

- 최저임금 : 정부에서 정해준 금액
- 근로시간 : 8시간/일, 40시간/주
- 유급휴일 : 휴일(주 1회)/ 근로자의 날(5월 1일)
- 유급휴가 : 연차휴가(월 1일/1년 미만, 15일 이상/1년 이상)
- 연장/야간/휴일 근무수당 : 통상임금의 1.5배 지급

(2) 퇴직금

상시 종업원 1인 이상을 고용하는 사업주는 1년 이상 근무하다 퇴직한 종업원에 대하여 퇴직연금 또는 퇴직금을 지급하는 제도를 설정하여야 한다.

(3) 4대보험(산재보험/고용보험/국민연금/건강보험)

상시 근로자 1인 이상을 고용하는 모든 사업장은 당연 적용대상이며 상용직, 임시직, 일용직 모두 적용 대상이다. 주 15시간 이상, 월 60시간 이상, 1개월 이상 근무하는 자는 4대보험에 가입해야 한다.

• 4대보험 요율(2020년 기준)[23]

4대 보험	산재보험 1.93%	고용보험 1.6%		국민연금 9%		건강보험 6.67%	
	사용자	사용자	근로자	사용자	근로자	사용자	근로자
	1.93%	0.8%	0.8%	4.5%	4.5%	3.335%	3.335%

※ 장기요양보험료 : 10.25%(근로자, 고용주 각 5.125%)

(4) 해고

직원의 퇴사시에는 사직서를 받아야 한다. 직원의 해고시에는 반드시

23 https://www.4insure.or.kr/ins4/ptl/Main.do#this 4대 사회보험 정보연계센터

해고 통보를 서면으로 하여야 한다. 직원의 중대한 과실이 있는 경우에는 주의 → 경고 → 시말서 징구 → 정직 등의 과정을 거친 후 30일전에 해고를 예고한 후 서면으로 해고통보 하여야 한다. 서면통지가 없는 경우 해고의 효력을 인정받지 못한다.

(5) 교포채용절차

외식업의 구인난으로 교포를 채용할 경우 체류비자일정에 따라 절차를 거친 후 채용하여야 하며, 불법고용시 200만원 이하의 과태료가 부과된다.

- 체류비자번호
  - F-2. F-5. F-6 : 내국인과 동일
  - F-4 : 조리사자격증으로 신청한 경우 조리업무에만 종사
  - H-2 : 고용지원센터에 구인신청 후 채용
    - * 교포채용 후 4대보험도 의무가입, 단 고용보험은 임의가입대상임

2) 세무관리

(1) 사업자 등록 신청

영업신고 후에는 사업장관할 세무서에 사업자 등록을 신청하여야 한다. 부가가치세법은 사업자 등록은 사업개시일로부터 20일 이내에 신청하도록 규정하고 있다. 그러나 사업을 개시하기 전에도 신청이 가능하다. 사업자 등록을 하지 않거나 늦게 하는 경우에는 가산세가 부과되므로 특별한 사정이 없는 한, 빨리 신청하여 사업자 등록증을 교부받아야 한다.

(2) 사업자 등록시 제출서류

사업자 등록시에는 ① 사업자 등록 신청서, ② 영업신고증 사본, ③ 임대차계약서 원본(상가임대차 보호법에 의한 확정일자 신청시)을 제출하여야 한다.

(3) 권리금 등 세금계산서 제출

권리금이나 시설투자에 대한 세금계산서를 소득세 계산시 제출하여 필요경비로 인정받는다.

(4) 공동영업

공동으로 사업을 하는 경우 동업계약서를 제출하고 공동사업자로 사업자 등록을 신청한다. 공동사업자는 소득금액이 분배되고 인적공제를 많이 받을 수 있으므로 소득세 부담이 줄어든다.

9절. 클린 음식점 위생관리

우리나라 헌법은 국민들이 행복하게 살도록 하기 위하여 제정되었다. 따라서 헌법은 국민들에게 행복추구권을 설정하여 국민 누구나 행복하게 살 권리가 있음을 보장하고 있다. 따라서 국가인허가 제도를 통하여 국민 누구나 안심하고 음식점을 이용할 수 있도록 하고 있다. 부정, 불량식품의 유통과 제조를 사전에 차단하고 이를 위반할 경우를 대비하여 식품위생감시원 제도를 수립하였고, 위반시에는 법적 제재를 가하고 있다. 음식점 위생관리의 중요성이 여기에 있다. 따라서 식품위생[24]은 식품의 생산, 제조, 가공, 조리부터 소비자에 도달되어 섭취되기까지의 전 과정에 대하여 관리하는 모든 수단을 말하는 데 음식점에서 사용하는 식품의 구입과 조리시에도 적용되어야 한다.

1. 종업원 건강은 고객에 대한 의무이다.

식중독을 일으키는 가장 많은 원인 중 하나는 건강하지 않은 종사자가 음식물을 취급하는 경우이다. 개인위생관리는 복장, 장신구, 손 청결 유지관리, 건강검진 등으로 구분하여 매일 점검하여야 하며, 구토, 설사 등 식중독 증세가 있는 종사자는 조리 등 영업에 참여시키지 말아야 한다. 특히, 손은 모든 음식물과 직접 접촉하여 각종 세균과 바이러스를 전파시키는 역할을 하므로 손 씻기를 통하여 각종, 세균과 바이러스의 전파경로를 차단하는 것이 중요하다. 식품의 채취, 제조, 가공, 조리, 저장, 운반 또는 판매하는 데 직접 종사하는 종업원은 매년 1회 보건소와 병의원에

---

24 한현우, 우리나라 식품위생감시행정에 관한 연구, 서울대학교 보건대학원, 1988

서 정기검진을 받아 이상이 없는 자만이 종사하도록 하여야 한다.

진단항목은 결핵 등 호흡기질환과 장티푸스, 이질 등 식품매개질환, 한센병 등 피부질환이다. 진단검사의 목적은 종업원이 음식을 조리하는 과정에서 고객에게 질병이 감염되는 것을 방지하기 위해서이다. 현행법상 종업원이 질병에 감염된 것이 확인될 경우 100만원의 벌금을 부과하도록 되어 있으나 만일 고객이 종업원으로부터 결핵에 감염되었다는 것이 확인될 경우 최소한 몇 억원 상당의 보상을 해야 할지도 모른다. 결핵의 경우는 치료에 상당기간이 소요되기 때문이다.

카운터에서 근무하는 종업원이 카운터에서만 근무할 경우 검진이 필요없으나 음식물 운반 등 고객접대에 종사한다면, 건강검진을 받아야 한다. 음식점에 대하여 관청으로부터 정기 또는 수시 점검시 지적되기 쉬운 항목은 건강검진 결과인데, 이를 위반하지 않기 위해서는 모든 종업원은 채용전에 보건소에서 검진을 받아 이상이 없다는 검진결과서를 확보한 후에 현업에 종사하도록 해야 한다. 만일 접수증만 있고 검진 결과서를 받지 못했다면 검진결과서를 제출받은 후부터 영업에 종사하도록 해야 한다.

① 조리에 참여할 수 없는 질병 : 콜레라, 장티푸스, 파라티푸스, 세균성이질, 장출혈성대장균감염증, A형 간염, 결핵, 피부병 및 화농성 질병

② 정기 건강진단 항목 : 장티푸스, 폐결핵, 전염성 피부질환(한센병 등)

③ 건강진단 받는 장소 : 보건소, 병의원

2. 상했거나 설익은 음식물은 판매를 금지한다.

상하였거나 설익은 고기의 판매시에는 식품위생법의 저촉을 받으므로 고기는 완숙된 것만을 판매하도록 하여야 한다. 다만, 특별히 육류의 경

우 날고기 또는 중간정도 익은 고기를 본인이 선택하는 경우는 예외로 한다. 현행 식품위생법 제4조의 규정에 의거 판매를 금지하는 식품과 위반시 행정처분 기준은 다음과 같다.

① 썩었거나 상하여 인체의 건강을 해할 우려가 있는 것 :
1차(영업정지 15일과 해당 음식물 폐기),
2차(영업정지 1월과 해당 음식물 폐기),
3차(영업정지 3월과 해당 음식물 폐기)

② 설익어서 인체의 건강을 해할 우려가 있는 것 :
1차(영업정지 7일과 해당 음식물 폐기),
2차(영업정지 15일과 해당 음식물 폐기),
3차(영업정지 1월과 해당 음식물 폐기),

③ 유독 유해물질이 들어 있거나 묻어 있는 것 : 영업소 폐쇄와 해당 음식물 폐기

④ 병원미생물에 오염되었거나 오염 염려가 있어 인체의 건강을 해할 우려가 있는 것 :
1차(영업정지 1월과 해당 음식물 폐기),
2차(영업정지 2월과 해당 음식물 폐기),
3차(영업소 폐쇄와 해당 음식물 폐기),

⑤ 불결하거나 이 물질이 섞이거나 첨가된 것 :
1차(영업정지 15일과 해당 음식물 폐기),
2차(영업정지 1월과 해당 음식물 폐기),
3차(영업정지 3월과 해당 음식물 폐기)

3. 식자재 구입과 검사는 규정에 맞게 한다.

우수한 식품을 제조하기 위해서는 품질이 우수한 식자재를 확보하여야 한다. 식품원료인 농산물, 수산물, 축산물을 구입함에 있어서 원산지, 재배환경, 살충제 사용여부 등을 꼼꼼히 확인하여야 한다. 식품원료의 검사방법에는 이화학적 검사, 세균학적 검사, 관능검사 등의 방법이 있으나 일선 현장에서 식품을 보고 바로 판단해야 하는 상황에서는 관능검사법[25]이 가장 효율적이다. 일반적으로 이화학적 검사는 7~10일 정도 소요되는 반면, 관능검사는 현장에서 물건의 상태를 보고 생선, 육류 등 식품의 신선도를 즉시 판단할 수 있다. 또한 원산지와 제조일자도 확인해야 한다. 오래된 유통식품은 미생물이 번식되어 식품 본래의 영양분을 분해시키고 부패 변질로 이어지기 때문에 유통기한의 준수는 중요하다.

식재료가 도착하면, 운송차량의 청결상태, 온도유지, 표시사항, 유통기한, 원산지, 중량, 포장상태 등을 오관에 의하여 적합여부를 판단한 후 적합한 식재료에 한하여 그 특성에 따라 냉장 또는 냉동 보관한다. 이 경우 적절한 보관관리가 이루어지지 않을 경우 식재료가 오염될 수 있다. 식자재 구입비를 줄이기 위해서는 신선한 식자재는 새벽시장에 가면 구할 수 있으나 가격이 비싸다. 오후에 구입하면 재료비를 절감할 수 있다.

4. 유통기한이 경과된 제품은 판매하지 않는다.

유통기한이란 유통업체 입장에서 식품 등의 제품을 소비자에게 판매가 가능한 최종시한을 말한다. 이러한 유통기한은 식품의 안정성과 품

25 관능검사는 시각, 후각, 미각, 촉각, 청각 등 오관을 이용하여 검사한다.

질을 보장하고, 사고 방지 차원에서 식약처의 실험·검증에 따라 규정한 것으로 실제로 먹을 수 있는 기간의 60~70% 정도만 유통기한으로 설정한다. 일반적으로 빵의 유통기한은 종류에 따라 차이가 있기는 하지만 방부제를 사용하지 않는 제과점빵의 경우 3일, 방부제가 첨가된 빵의 경우 7일 정도가 유통기한이다.

유통기한과는 별도로 소비기한이라는 개념이 있는데, 소비기한은 해당 상품을 소비해도 소비자의 건강이나 안전에 이상이 없을 것으로 인정되는 최종시한을 말한다. 다시 말하면 소비기한은 유통기한이 지난 이후에 먹을 수 있는 기한을 표기한 것이다. 예를 들면 식빵은 냉장보관 시 유통기한 경과 후 20일, 고추장은 2년, 개봉하지 않은 우유는 45일, 요거트는 10일, 치즈는 70일, 햄은 7일, 계란은 25일, 냉동만두는 1년까지 먹을 수 있다. 식품의 변질에 가장 큰 영향을 주는 것은 유통기한이 아닌 보관방법에 있다. 식품 변질에 가장 큰 영향을 주는 것은 온도와 습도로, 올바른 방법으로 보관한 식품은 유통기한이 지났더라도 섭취할 수 있지만 잘못된 방법으로 보관했을 경우에는 유통기한에 상관없이 상하기 쉽기 때문에 보관방법이 중요하다.

모든 생명체는 본능적으로 번식의 본능을 가지고 있다. 특히 미생물의 경우 온도, 영양 등 조건만 맞으면 10분마다 분열하여 증식하는데 하루만 경과해도 수십만~수억 마리의 세균이 증식하게 된다. 문제는 세균이 식품중의 영양분을 소비하면서 인체에 해로운 물질을 생산하는 데 있다. 냉장고에 보관할지라도 저온세균은 계속하여 성장하므로 식품의 유통기간을 반드시 지켜야 한다. 간혹 유통기간이 경과된 제품을 영업장에 보관하여 문제가 되는 경우가 있는데, 영업장내에 보관중인 모든 식품은 영업활동을 목적으로 보관중인 것으로 인정되기 때문에 영업장내에서는 유통기한이 경과되었거나 유통기한이 도래된 식품은 즉시 폐기처분 하여야 한다.

5. 원산지 표시는 철저하게 한다.

음식점에서 조리 판매용으로 사용하는 식재료 중 농산물, 수산물, 축산물에 대하여는 "농산물의 원산지 표시에 관한 법률"에 의하여 원산지 표시[26]를 하여야 한다. 축산물의 경우에는 축산물 원산지가 기재된 영수증이나 거래 명세서 등을 매입일로부터 6개월간 보관하여야 한다.

원산지 허위 표시한 경우에는 7년 이하의 징역이나 1억원 이하의 벌금을 부과하고 원산지를 표시하지 않았을 때에는 1천만원 이하의 과태료를 부가하도록 되어 있다.

6. 먹는 물은 청결하게 관리한다.

먹는 물이란 "먹는데 통상 사용하는 자연상태의 물을 먹기에 적합하도록 처리한 수돗물, 먹는 샘물, 먹는 염지하수, 먹는 해양심층수 등"을 말한다(먹는 물 관리법 제3조). 먹는 물의 안전성을 확보하기 위하여 우리나라는 환경부령으로 먹는 물의 수질기준을 정하여 시행하고 있으며 수질의 오염여부를 판단하기 위하여 대장균군을 측정한다.

유기질소화합물의 분해과정은 단백질 → 아미노산 → 암모니아성 질소(NH_3-N) → 아질산성 질소(NO_2-N) → 질산성 질소(NO_3-N)의 단계를 거친다. 암모니아성 질소(NH_3-N)의 검출은 유기물에 오염된 지 얼마 되지 않은 것을 의미하며 분변, 하수 등의 혼입 가능성이 있음을 뜻한다. 정수기는 정기적으로 필터를 교체하고 내부 청소는 정기적으로 실시하여야 한다. 상수도는 물탱크의 수질관리 상태와 청소상태를 수시 확인하되, 물탱

26 원산지 표시대상 품목 : 쇠고기, 돼지고기, 닭고기, 오리고기, 양고기, 쌀, 배추김치, 콩, 수산물(광어, 우럭, 참돔, 미꾸라지, 민물장어, 낙지, 명태(황태, 북어 제외), 고등어, 갈치, 오징어, 꽃게, 참조기), 살아있는 수산물

크는 6개월마다 1회 청소한다. 지하수를 먹는 물 또는 식품의 조리, 세척 등에 사용하는 업소의 경우에는 "먹는 물 수질기준 및 검사 등에 관한 규칙 제4조"에서 정한 바에 따라 2년에 한번은 67개 전항목에 대하여 1년에 한번은 일부항목[27] 에 대하여 먹는 물 관리법에 의한 수질검사기관에서 검사를 받고 동 기관이 발행한 수질검사 성적서를 보관하여야 한다.

2018년 지하수 노로바이러스 오염으로 인한 식중독 발생

2018년 우리나라에서 개최된 동계올림픽[22] 대회기간 중 식중독 환자가 발생하였는데 식품의약품안전처 조사결과 대부분의 음식점이 노로바이러스에 오염된 지하수를 사용하였으며, 민간음식점 4,321개소 중 1,364개소(31.6%)가 상수도가 아닌 지하수를 사용하는 것으로 나타났다. 노로바이러스는 다른 바이러스에 비해 생명력이 강해서 공기중이나 척박한 환경에서도 죽지 않는데, 특히 물속에서는 430일간 생존한다고 한다.

7. 철저한 작업공정과 위생관리는 기본이다.

식재료의 교차오염을 방지하기 위하여 바닥으로부터 60cm 이상에서 식재료의 전처리를 한다. 샐러드와 같이 원재료 그대로 고객에게 제공하는 채소와 과일류는 소독액에 5분 이상 담근 후 흐르는 물에서 2~3회 세척하여 제공한다. 식재료의 소독은 식품첨가물로 허가받은 차아염소산 나트륨, 차아염소산수, 이산화염소수, 오존수 등의 제품을 사용한다. 음식을 조리할 때는 중심온도가 75℃(어패류 85℃)에서 1분 이상 유지

---

27 일부항목 검사 : 일반세균, 총대장균군, 대장균 또는 분원성대장균군, 불소, 암모니아성 질소, 질산성 질소, 냄새, 맛, 색도, 망간, 탁도, 알루미늄, 붕소 및 염소이온 등 14종

28 동계올림픽은 2018년 2월 9일~2월 26일까지 강원도 평창과 강릉, 정선 등지에서 개최되었다.

될 수 있도록 가열한다.

도축과정에서 식육 및 분쇄육의 내부까지 식중독균에 오염되는데, 덜 익힌 경우에는 장출혈성 대장균(O157: H7)에 감염되어 용혈성 요독증후군 독소에 의해 적혈구 파괴 및 신장세포 사멸로 신장기능이 손상된다. 한번 해동한 식품은 재냉동하지 않는다. 음식물 조리시 중심온도가 75℃ 이상에서 1분 이상 유지될 수 있도록 가열처리 한 후 완전히 식힌다.

8. 식중독 발생을 예방하기 위한 노력

식중독은 그 원인에 따라 세균이나 바이러스 등 미생물에 의한 식중독과 화학적 유해물질(식품첨가물, 잔류농약, 포장자재에 의한 중독 등). 자연독(복어, 독버섯 등) 같은 화학물질에 의한 식중독으로 크게 나눌 수 있다. 세균성 식중독은 가장 흔한 형태로 세균자체가 원인인 감염형과 세균이 만든 독소를 섭취해 발생하는 독소형으로 구분된다. 독소형 식중독의 대표적 원인균은 황색포도상구균, 보툴리누스균 등이며, 독소 섭취 후 30분에서 4시간 내로 빠르게 증상이 나타난다. 감염형 식중독은 살모넬라, 장염비브리오균, 병원성 대장균 등이 대표적 원인균으로 섭취 후 증상이 나타날 때까지 1~2일 정도의 시간이 소요된다.

식중독의 전형적인 증상은 원인 음식 섭취 후 48시간 이내에 발생하는 오심, 구토, 복통, 설사 등이지만, 심한 경우 발열, 오한, 혈변, 탈수, 신장기능저하 및 신경학적 증상이 나타나기도 한다. 식품별로 흔한 식중독균은 해산물(비브리오균, 살모넬라균), 닭고기(캄필로박터균, 장티푸스균, 이질균), 덜 익힌 햄버거(장출혈성 대장균 O157 균), 볶음밥(버실루스 아레우스균) 등이 있다. 식중독을 예방하기 위해서는 다음 사항을 준수하여야 한다. 첫째, 충분히 익힌 후 섭취한다. 어패류는 끓는 물에 1분 이상 삶아 완전히 익혀 먹는 것이 좋다. 둘째, 식품을 만질 때에는 비닐장갑을 착용한다. 맨손으로 음식을 만지면 손에 있던 황색포도상구균에 쉽게 오염된다. 셋째, 조리전에 재료를 깨끗하게 씻는다. 미국 질병통제센터(CDC[29])에서 조사한 바에 의하면 살모넬라균 식중독의 약 80%가 날계란이나 반숙계란을 먹고 발생했다고 한다. 계란껍질은 살모넬라균에 의해 오염된 경우가 많으므로 계란을 깨기 전에 물로 깨끗이 씻는 것이 좋다. 냉장고에 보관했더라도 오래된 것은 피하고 계란을 흔들어서 소리가 나면 식용에 이용해서는 않된다. 넷째, 식사전에 비누로 손을 깨끗이 씻도록 한다.

9. 식품위생법과 보건범죄 단속에 관한 특별조치법이란?

식품위생법은 1962년도에 식품으로 인한 위생상의 위해를 방지하고 식품영양의 질적인 향상을 도모함으로써 국민보건의 증진에 이바지함을 목적으로 제정되었다. 식품위생법은 식품위생의 대상으로 식품의 제조 가공, 조리, 운반에 직·간접적으로 영향을 미치는 식품첨가물, 기구 및 용기와 포장에 관한 위생을 포함하고 있다.

식품위생법을 위반한 업소나 사람에 대하여는 시정지시, 벌금부과, 시설개수명령, 영업정지 등의 행정벌을 가하고 있다. 하지만 보건범죄단속에 관한 특별조치법은 인명과 관련하여 식품, 술, 약품, 물 등의 섭취로 인사사고가 발생하였을 때에는 정도에 따라 3년 이상, 5년 이상, 10년 이상 또는 무기형을 가하고 있어 부정, 불량 식품을 유통시거나 제조를 방지하기 위해 엄격히 관리하고 있다. 따라서 식품위생관련영업을 하는 자는 법령에 반하는 영업을 하여 일반국민이 식중독 등에 걸리지 않도록 하여야 할 것이다.

---

29 Centers for Disease Control and Prevention

10절. 영업시설물 설치 및 운영

1. 주방 open을 극대화하자.

레스토랑에서 오픈주방이란 단순히 주방구조만을 개방하는 것이 아니라 개방공간을 미적인 공간으로 연출하여 주방종사자들이 조리하는 전 과정을 개방하여 고객과 종사자간 원활한 의사소통이 이루어질 수 있는 환경을 만들어 주는 형태를 의미한다. 또한 주방종사자들의 업무 효율성을 높이고 고객서비스를 극대화 하는데 최적화된 주방을 의미한다. 고객들이 레스토랑을 이용할 때 고객 만족도를 높이기 위해서 음식을 다양화하는 한편, 주방 환경을 오픈 주방시스템으로 변화시켜야 한다. 미국 하버드 대학 경영대학원의 연구결과, 주방종사자와 고객이 서로 바라볼 수 있는 오픈주방에서 만든 음식이 더욱 맛있게 느껴진다는 연구결과가 도출되었다. 즉 오픈주방에서 고객에게 제공된 음식이 그렇지 않은 식당에서 제공된 음식에 비해서 17.3% 더 높은 만족도를 나타냈다는 것이다.[30]

2. 인가받은 시설 이외의 장소에서 영업해서는 안 된다.

영영업정지 처분 받은 음식점영업주가 영업정지기간 중 식당건물은 폐쇄하고 그 곳에서 약 50m 떨어진 인근 계곡에 조리기구 등을 옮겨 놓고 천막과 평상을 설치한 후 종업원들과 영업을 하다가 적발되어 영업소 폐쇄명령을 받았다. "무허가 영업일지는 몰라도 영업장소 이외의 장소에서

30 기경환. 오픈주방 종사원의 직무환경, 직무몰입, 직무스트레스, 조직유효성간의 구조적 관계분석, p1~2, 상명대학교 대학원, 2018

영업을 하였으므로 영업정지기간 중에 영업을 했다는 이유로 영업정지 명령을 위반한 것이 아니다"라고 주장하였는 데 받아들여지지 않았다.

예) 영업정지 처분기간 중 인근 장소에서 영업하여 가중 처분[31]

행정심판위원회의 판단에 의하면, "영업정지 처분을 받은 후 원래 신고된 영업장소에서 영업을 하지 않았다 하더라도 인근에서 기존 종업원들이 기존 시설과 집기를 이용해 동종의 영업을 하였다면, 영업정지 명령에 위반되므로 영업소 폐쇄가 타당하다"고 판단하였다. 따라서 영업정지 처분기간 중 인근에서 무허가로 영업을 할 경우 가중처분을 받는다.

(판단) 영업장소 이외의 장소에서 영업을 하였으므로 영업정지기간 중에 영업을 했다는 이유로 영업정지 명령을 위반한 것이 아니다라고 주장할 수 있으나

① 기존업소와의 인접성 : 동일장소가 아니라도 인접한 곳에서 영업을 한다면 기존 상권이나 단골관계가 계속하여 유지될 수 있으므로 영업의 동일성을 인정할 수 있는 근거가 된다.

② 업종의 동일성 : 한식, 양식 등 동일 업종이 인정된다면 동일 영업으로 인정될 수 있다.

③ 기존 종업원과 시설의 동일성 : 종업원을 새로 고용하지 않고 비품을 새로 구입하지 않았으므로 동일성으로 인정한다.

→ 따라서 영업을 계속하여 실시하는 것으로 판단하여 영업정지 처분을 위반한 것이 된다.

3. 사용하는 시설물은 신고하여야 한다.

많은 업소들이 루프탑 영업을 하고 있는 것을 보고 불법이라는 인식을

31 문병우 변호사, 영업정지 명령위반과 영업소 폐쇄, 음식과 사람, 한국외식업중앙회 8월호, 2018

갖지 못한 채 많은 자본을 투자하여 영업하고 있는 데 영업장소로 신고된 이외의 장소에서 영업을 할 경우에는 식품위생법의 저촉을 받는다.

예) 무신고 옥외영업에 대한 영업정지처분[32]

영업신고된 영업장 면적 외의 장소인 테라스나 옥상에 테이블과 의자 등을 설치하고 영업행위를 하여 식품위생법을 위반한 사실이 있다. 청구인은 루프탑 영업이 공공연하게 이루어지고 있어 위법행위에 대한 평등원칙을 주장하고 있으며 현실과 종업원 생계의 어려움을 감안하여 달라고 주장하고 있다.

식약처의 유권해석은 지방자치단체장이 옥외영업에 대한 일정한 기준을 마련하여 운영할 수 있다는 내용이어서 피청구인이 그러한 기준을 마련하지 않은 이상 옥외영업을 할 수 있다고 할 수 없고, 위법행위 대한 평등원칙을 받아들이기 어려우며 건전한 영업질서 유지를 위한 신고규정은 엄격하게 해석하여야 할 것이다.

영업시설 (변경)신고 규정

일반음식점 영업을 하려는 자는 시설기준에 맞는 시설을 갖추어 시장, 군수, 구청장에게 허가를 얻어야 하고 중요한 사항을 변경할 때에는 신고를 하여야 하며, 허가 또는 신고사항을 위반한 경우에는 영업허가 또는 등록을 취소하거나 6개월 이내의 기간을 정하여 영업의 전부 또는 일부를 정지하거나 폐쇄를 명할 수 있다.

☞ 식품위생법 제36~37조, 제75조, 같은 법 시행령 제25~26조 및 같은 법 시행규칙 제89조 별표 23 II, 개별기준 3, 식품접객업 8, 아 2)

- 행정처분 기준 : 1차 위반(시정명령), 2차 위반(영업정지 7일), 3차 위반(영업정지 15)

32 서울특별시 행정심판위원회, 2017 행정심판 재결례집, 2018. 3월(재결일 : 2017.12.11.)

제3편 행정처분

11절. 지혜롭게 대응하여 위기를 극복하자.

11절. 지혜롭게 대응하여 위기를 극복하자.

음식점을 운영하다 보면 본의 아니게 법규에서 정한 사항을 위반하게 되어 영업장소 폐쇄, 영업정지 등의 행정처분을 받을 수 있다. 그러나 아무리 부당하다고 할지라도 자세히 따지고 들어가 보면 행정처분의 허점을 발견할 수 있다. 행정사, 법무사, 변호사 등 전문가의 자문을 받아 행정심판을 청구할 수 있다. 중앙행정심판위원회가 있고, 시도별 행정심판위원회가 있으므로 처분이 부당하다는 것을 소명하면 행정처분을 면하거나 감면받을 수 있다. 과거 행정처분을 받은 후 행정심판 청구를 하여 승소한 사례를 다음과 같이 소개한다.

사례1 **설익은 음식제공 결과 영업정지처분 취소청구하여 승소한 사례**

청구인은 일반음식점을 운영하는 자로서 남자손님 2명이 치킨 1마리와 소주를 주문하여 약 2시간 가량 먹고 남은 치킨을 포장해 간 뒤 치킨에서 피가 나왔다는 민원이 120콜센터에 접수되어, 이에 피청구인이 업소 지도·점검 결과 설익어서 인체에 해칠 우려가 있는 식품을 조리하여 제공한 사실에 관한 확인서를 받았고, 음식점이 「식품위생법」 제4조[33]를 위반하였다는 이유로 같은 법 제75조에 따라 청구인에게 영업정지 7일과 해당 음식물 폐기의 처분을 하였다.

1. 청구인의 주장

청구인이 운영하는 영업장에 민원인이 일행 1명과 함께 치킨 1마리와 소주를 주문하고 약 2시간가량 먹은 후 남은 치킨을 포장하여 갔으나 직

33 식품위생법 제4조 : 설익어서 인체의 건강을 해할 우려가 있는 것
- 1차 위반 : 영업정지 7일과 해당 음식물 폐기
- 2차 위반 : 영업정지 15일과 해당 음식물 폐기
- 3차 위반 : 영업정지 1월과 해당 음식물 폐기

원의 실수로 이중 계산이 되어 다시 계산을 하였고 민원인의 훈계에 직원이 잘 몰라서 한 사실에 양해를 구했으나 불쾌하다는 말만 되풀이하다 돌아갔다. 그 후 약 30분이 지나 민원인의 부인이 가져온 치킨에서 피가 나왔다며 항의 전화를 걸어 왔기에 실질적으로 민원인이 먹는 동안 이상 없었고 남은 치킨을 가져간 뒤로 직접 확인을 하지 못하였기에 일단 죄송하다며 "다시 가져오시면 새로 튀겨드리거나 그렇지 않으면 환불해 드리겠다"라고 하였더니 AI를 운운하며(당시에는 부안 오리에서만 AI가 발생하고 닭은 발생되지 않음) 화를 내다가 다음날 오픈 시간에 맞춰서 가져 오겠다고 하였다.

다음날 개점시간에 맞추어 기다리고 있었지만 민원인은 가게를 방문하지 않아 아무런 일없이 넘어가나 보다 생각하고 영업을 계속하였다. 청구인은 "피청구인이 민원인과 청구인을 바로 접견시켜 설익은 닭의 진위를 확인할 수 있도록 해야 했음에도 불구하고 이의신청서에 모든 불만사항을 기재하면 된다라고만 하고 재확인 절차를 무시하였다".고 주장하였다.

2. 피청구인의 주장

청구인은 민원인이 사진 1장을 촬영하여 120콜센터에 신고한 사실만으로 영업정지 7일의 행정처분을 받는 것이 억울하다고 주장하나 통닭 조리시 설익은 통닭이 조리될 수도 있다는 사실을 인지하고 있으며 상기 위반 사실에 대하여 확인서에 서명을 하였고 이 사건 당시 전국적으로 AI(조류독감)가 발생하고 있는 상황임을 청구인도 인식하고 있었을 것이다. 식품을 조리·판매하는 영업주라면 평소보다 더 많은 주의를 기울여야 했음에도 손님에게 설익어서 인체의 건강을 해칠 우려가 있는 식품을 조리하여 제공하였다는 것은 명백히 식품위생법 제4조를 위반한 것이다.

3. 위원회의 판단

이 사건의 경우, ① 민원인이 120콜센터에 치킨의 사진만 첨부하여 민원을 제기한 점, ② 민원인이 당일 포장해 간 치킨을 이 사건 업소에 방문하여 보여주지 않은 점, ③ 사진만으로는 치킨이 설익어서 인체의 건강을 해할 우려가 있는지 명백히 확인할 수 없는 점, ④ 설사 치킨이 설익었다고 인정되더라도 해당 치킨이 이 사건 업소에서 판매되었는지 입증되지 않은 점, ⑤ 피청구인 역시 설익은 치킨을 직접 확인하지 못하고 사진만 보고 이 사건 처분을 내린 점 등을 고려해 볼 때 이 사건 처분은 부당하다.

따라서 청구인에게 한 영업정지 7일과 해당 음식물 폐기의 처분을 취소함이 타당하다고 판단된다.

사례2 청소년 유해업소에서 청소년 고용시 영업정지처분, 취소청구

청구인은 호프집을 운영하는 업소로서, 청소년고용금지 영업소에 해당함에도 불구하고 청소년 2명을 고용한 사실이 경찰서에 적발되어 영업정지 3개월 처분을 받았다.

1. 청구인 주장

청구인이 영업을 개시하기 위하여 시장 조사차 동종업소를 방문하던 중 그 곳에서 종업원으로 일하던 청소년에게 청구인의 업소에서 함께 일하자는 제안을 하여 그를 고용하게 되었는데 청구인은 업소에서 종업원으로 일하고 있어서 당연히 성년자로 생각하여 신분증 확인없이 고용하였고, 그 청소년이 사촌언니와 함께 일하고 싶다고 소개하자 그의 신분증을 확인한 결과 성인이었기에 별 의심없이 고용하였는데 청소년 2명을 고용한 사실이 경찰서에 적발되어 영업정지 3개월 처분을 받았다. 이는 과분한 처분으로 2개월로 감경처분할 것을 주장한다.

2. 위원회 판단

경찰조사과정에서 사촌언니는 청소년임이 밝혀졌으며, 이사건 청소년들이 일한 기간이 20여일에 불과하고 청소년이 업소를 운영하기 위하여 지인들로 부터 자금을 채용하여 매달 이자를 지급하고 있고, 1급 장애를 가진 부친을 부양하는 등 가족의 생계를 책임지고 있으며 3개월의 영업을 할 수 없게 되면 상당한 생활고를 겪게 될 것이 분명해 보인다. 이와 같은 경위로 행정심판위원회는 영업정지 2개월로 감경한다.

1. 청소년 보호법 시행령 제3조(청소년 유해업소의 범위) 제4항에서는

일반음식점 중 음식류 판매보다는 주로 주류의 판매를 목적으로 하는 소주방, 호프, 카페 등의 영업형태로 운영되는 업소를 청소년 고용금지업소로 규정하고 있으며, 청소년보호법 제29조(청소년 고용금지 및 출입제한) 제1항에서는 청소년 유해업소의 업주는 "종업원을 고용하고자 하는 때에는 그 연령을 확인하여야 하며, 청소년을 고용하여서는 아니 된다." 라고 규정하고 같은 조 제3항에서는 "청소년 유해업소의 업주 및 종사자는 제1항의 규정에 의한 연령확인을 위하여 필요한 경우 주민등록증 그 밖에 연령을 확인할 수 있는 증표의 제시를 요구할 수 있으며, 증표제시를 요구받은 자가 정당한 사유없이 증표제시를 거부할 경우에는 당해업소의 출입을 제한하거나 이용하지 못하게 할 수 있다"라고 규정하고 있다.

2. 또한 식품위생법 제44조(영업자의 준수사항) 제2항에서는

"청소년 고용금지업소에 청소년을 고용하는 행위를 하여서는 아니 된다"라고 규정하고 있다.

사례3 일반음식점 영업정지처분에 대한 감경처분 사례[34]

청구인은 이 사건 위반행위가 적발된 후 처분이 있기 전 재차 동일한 위반행위를 하였으므로, 피청구인은 청구인의 이 사건 위반행위와 처분 전 적발된 동일한 위반행위에 대하여 그 위반 횟수마다 행정처분 기준의 2분의 1씩 더하여 하나의 처분을 하여야 한다.

1. 청구요지

청구인은 서울시에 있는 일반음식점을 운영하는 사람으로, 위 음식점에서 청소년 2인에게 소주 2병, 맥주 1병을 판매하여 청소년보호법을 위반한 사실이 경찰서 수사과에 적발되어 피청구인은 위 사실을 통보받고 영업정지 2개월 처분을 하였다. 이 사건 위반사실 발생 경위에 참작할 점이 있고, 경제적으로 어려운 점 등을 고려하여 이 사건 처분을 취소 또는 과징금 부과처분으로 변경하여 주기를 희망한다.

2. 판단요지

청구인은 이 사건 처분의 기초가 된 사실관계에 관하여는 다투지 않고 있고, 한편 청소년보호법 위반 입건 통보에 의하면, 청구인은 이 사건 처분 이전인 2017.5.11. 1차 위반되었으며 2017.7.14. 청소년 3명에게 연령을 확인하지 않고 주류를 판매하여 청소년보호법을 위반하였다는 이유로 경찰서에 다시 적발되었으며, 위 사항은 피청구인에게 통보된 사실이 인정된다.

---

34 서울시행정심판위원회, 2017 행정심판 재결례집, 2017-835 일반음식점 영업정지처분 취소청구(재결일, 2017.10.30.)

위 사실관계를 앞서 본 법리에 비추어 보면, 청구인은 1차 위반행위에 한 행정처분 절차가 진행 중인 2017.7.14. 반복하여 같은 사항을 위반하였으므로, 피청구인은 두 차례에 걸친 위반행위에 대하여 1차 위반에 한 행정처분 기준의 2분의 1을 더한 기준을 적용하여 처분하였어야 함에도, 이 사건 처분은 이를 간과한 위법이 있다.

따라서 2017.5.11.1차 위반행위와 2017.7.14. 2차 위반행위에 대하여 하나의 처분이 내려지도록 이 사건 처분을 취소함이 타당하다.

가.「식품위생법」 제44조 제2항 제4호, 제75조 제1항 제13호, 같은 법 시행규칙 제89조 [별표 23] Ⅱ. 개별기준 3. 식품접객업 위반사항 11. 라에 의하면 식품접객영업자는 청소년에게 주류를 제공하여서는 아니 되고, 이에 위반한 경우 구청장은 1차 위반의 경우에는 영업정지 2개월 처분을, 2차 위반의 경우에는 영업정지 3개월 처분을 하여야 하며, 위 [별표 23] Ⅰ. 일반기준 4.에 의하면 위반행위에 대하여 행정처분을 하기 위한 절차가 진행되는 기간 중에 반복하여 같은 사항을 위반하는 경우에는 그 위반횟수마다 행정처분 기준의 2분의 1씩 더하여 처분하도록 규정되어 있다.

사례4 청소년에게 주류판매한 행위에 대한 영업소 폐쇄처분 취소청구

청구인은 일반음식점을 운영하는 자로 청소년 4명에게 소주 11병과 맥주 3병 합계 50,000원 상당을 판매하였다가 경찰서 소속 경찰관에게 적발되어 같은 해 피청구인에게 청구되었다. 이에 따라 피청구인은 청구인에 대하여 사전처분 통지를 한 후, 같은 해 식품위생법 제44조(영업자 등의 준수사항) 등 위반을 이유로 영업소 폐쇄처분을 하였다.

1. 청구인의 주장

20대로 보이는 남자 손님 4명이 왔다. 이들 4명은 그전에 3번 정도 다른 친구들과 같이 가게에 왔고 올 때마다 신분증을 확인하여 청소년 여부를 확인하였다. 적발당일에도 4명 전부 주민등록증을 요구하였는 데 1994년과 1993년생으로 만 19세가 넘어 출입을 시켰다. 그 후 경찰 단속시 출입할 때 제출한 신분증을 경찰에게 제시하라고 요구하였으나 거절하였으며 처음 출입할 때 신분증 검사를 하지 않았다고 하면서 경찰에게 고함을 지르고 소란을 피웠다. 추후 경찰에서 확인해 보니 고등학생이었다. 경찰에게 신분증을 확인하였고 청소년이 아니라서 출입을 시켰다고 주장했지만 경찰에 의해 무시되었다.

청구인은 청소년 주류제공으로 2차례 처분을 받은 전력이 있으나, 고의적이 아니라 종업원의 사소한 실수 때문에 벌어진 일이다. 가계를 시작할 당시 자금이 부족하여 부모님께 빌린 돈과 대출받은 자금으로 겨우 개업하였다. 어렵게 돈을 빌려 개업한 음식점이 영업장 폐쇄가 된다면 권리금을 받고 양도할 수가 없어서 개업비 2,800여만원을 날리게 되고 회복할 수 없는 피해를 입게 된다. 이사건 처분은 재량권 일탈한 위법한 처분이므로 취소되어야 한다.

2. 피청구인의 주장

청구인은 분명 이들이 전에도 3번 온적 있는 손님이라 하였고, 그 때마다 신분증을 확인하였는데 철저히 확인하지 않고 형식적으로 신분증 검사를 하여 청소년들에게 빈틈을 제공하게 된 것이다. 청구인은 피청구인이 구체적으로 확인하지 않고 기계적으로 처분을 한 것이라고 주장하나, 피청구인은 수사권이 없으며 경찰에서 모든 조사가 이루어지고 그 결과에 따라 처분할 수밖에 없으며 이 건은 기소의견으로 검찰에 송치했다는 공문을 북부경찰서로부터 통보 받았기에 처분을 한 것이다.

청구인은 어려운 여건 등을 이유로 선처를 바라나, 건전한 영업질서를 유지하고 청소년을 유해한 환경으로부터 보호하기 위한 공익목적이 청구인의 불이익에 우선하여야 하는 것이다. 따라서 이 처분은 법이 정하는 기준과 절차에 따라 이루어진 적법한 처분이므로 청구인의 청구는 기각되어야 한다.

3. 위원회의 판단

청노년 박○○(18세) 등 ① 소주 11병과 맥주 3병 등 합계 50,000원 상당을 판매하였다고 위반한 사실이 기재되어 있는 점, 이 위반 사실에 대하여 ② 경찰에서 혐의 인정하여 청구인에 대해, 벌금 100만원 처분한 점 등을 종합하여 볼 때, 업소에서 청소년에게 주류를 제공한 사실이 인정되며 이 사건 업소가 청소년 주류제공 위반으로 ③ 행정처분을 받은 이후 1년 이내에 발생한 3차 위반에 해당하는 것이어서 피청구인이 청구인에게 한 이 사건 처분에 달리 위법함이 있어 보이지 아니한다.

다만, 이 사건 청소년들이 ① 18세 청소년으로 외관으로 청소년인지 여부를 알기는 어려웠던 것으로 보이는 점, 청구인이 이 사건 처분으로 인해 ② 권리금 손실 등 경제적 손실로 생계에 큰 곤란을 겪게 되는 점 등을 참작하면, 이 사건 처분으로 달성하고자 하는 ③ 공익에 비하여 청구인이 입는 피해가 다소 가혹하다 할 것이다.

따라서, 피청구인이 청구인에 대하여 일반음식점 영업소 폐쇄처분은 이를 취소한다.

사례5 도박행위로 인한 영업정지 취소청구(경기행심 2015-123 (재결일자 2015.3.25.)

경양식집에서 학생손님 3명이 주인 몰래 도박을 하다가 제3자의 신고에 의해 경찰단속에 결려서 도박 학생들은 벌금 50,000원의 선고 유예를 받았고 업주인 청구인에게는 형사처벌도 없었는 데 행정관청에서 영업정지 2개월의 처분을 하였다. 재결결과 이를 취소한다.

1. 처분현황

청구인은 00시 소재에서 경양식 형태의 일반음식점을 운영하고 있는 사람으로 이 업소에서 손님 3명이 도박행위를 하였다는 이유로 경찰서에 적발되어 피청구인에게 통보되었고, 이에 피청구인은 2015.1.6. 식품위생법 제44조 제1항 위반을 이유로 같은 법 제75조에 따라 청구인에게 영업정지 2개월의 행정처분을 하였다.

2. 청구인의 주장

청구인의 매장은 초, 중, 고생부터 70대 노인에 이르기 까지 서민들이 이용하는 레스토랑이며, 커피와 음료를 저가로 제공하고 있다. 영업장의 실평수가 200평에 테이블이 63개인 대형 매장이며, 테이블 전부가 방형태로 되어 있고, 문이나 방염커텐이 설치되어 있어 직원이 손님 테이블을 볼 수 있는 구조가 아니다. 또한 CCTV는 통로 및 매장 입구에만 설치되어 있어 손님이 머무는 방안에 이루어진 행위는 알 수 없다. 매장은 5층에 있으며 이 사건 손님인 학생들이 주문한 단말기를 확인한 결과 청구인 업소에 들어와 머문 시간이 약 1시간 30분 정도였으며, 음료수 3잔 9,000원을 주문한 상태였다. 9,00원 매상을 올리기 위해 도박행위를 하는지 알면서 방치하는 업주는 없을 것이다. 이 사건의 경우도 손님들이 화투를 가져 온 것이며 청구인이 화투치는 것을 알고도 고의적으로 방조한 것은 아니다.

56번 방 손님 3명이 도박을 한 사실은 경찰관이 와서 조사한 후 처음 알게 되었다. 만약 청구인이 도박을 방조했다면, 경찰이 도박을 한 학생들만 연행하는 게 아니라 청구인도 함께 연행하거나 진술서를 쓰라고 하였겠지만 그런 조치를 하지 않은 것을 보아 청구인 업소에서는 도박 방조 등 위반 행위를 하지 않았다고 판단했기 때문이다. 청구인의 가게에 누군가 신고에 의해 경찰이 왔다고 하는 데, 신고한 사람은 옆방이거나 청구인만 아는 손님이거나 도박한 학생들과 사이가 좋지 않은 자가 도박한다는 사실을 알고 신고했을 확률이 높다.

청구인의 관리가 어려운 것은 청소년 주류판매 단속이다. 청소년들이 의도적으로 몰래 마시는 경우가 많은 데, 청구인의 업소와 같이 큰 매장은 단속하기가 더욱 힘들다. 일반 음식점 업주들은 일일 17시간 이상 노동을 한다. 잠자는 시간 빼고는 계속 일을 해야만 적자를 면할 수 있기 때문이다. 더구나 일하는 종업원 구하기도 너무 힘들다, 하지만 어렵다고 1만원도 안 되는 매출을 올리고자 법을 어기면서 영업하지는 않는다. 청구인은 15년째 자영업을 하면서 행정관청으로부터 행정처분을 단 한 번도 받은 사실이 없이 성실하게 살아왔다.

3. 판단요지

이 사건의 경우 도박행위자 3명에 대해서만 벌금 50,000원의 선고유예판결을 받았을 뿐, 이 사건 업소나 종업원은 어떠한 형사처벌도 받지 않은 사실 등을 감안하고 감경사유가 있는 지를 종합적으로 검토하여 이 사건 처분을 하여야 함에도 이 부분에 대해 전혀 고려하지 않고 식품위생법 시행규칙에서 정한 최대한도의 행정처분을 하는 것은 재량권을 일탈, 남용한 위법 부당한 처분이라고 판단된다.

따라서 청구인에 대하여 한 일반음식점 영업정지 2개월 처분을 취소한다.

식품위생법 제44조1항, 제75조 제1항, 같은 법 시행규칙 제57조 별표17,6,다 등에 따르면 식품접객업자는 안에서는 도박이나 그 밖의 사행행위 또는 풍기문란 행위를 방지하여야 하며, 같은 법 시행규칙 제89조 별표23, Ⅱ,3.10에 의하면 이법 조항을 1차 위반한 자에게는 영업정지 2개월 처분을 할 수 있다.
그러나 이 사건 처분이 피청구인의 재량행위에 해당된다고 하더라도 식품위생법 시행규칙 제89조 별표23. 1 일반기준 마목 및 바목에 따르면 그 위반정도가 경미하거나 고의성이 없는 사소한 부주의로 인한 것인데, 식품접객업소 위반사항에 대하여 검사로부터 기소유예처분을 받은 경우로써 그 위반 사항이 고의성이 없거나 국민보건상 인체의 건강을 해할 우려가 없다고 인정될 경우 행정처분을 경감할 수 있다고 규정하고 있다.

사례6 도박행위로 영업정지처분 감한 사례(강행심 2013-124, 2013. 12.)

청구인은 청구인이 자리를 비운 사이에 도박 등의 행위가 발생되었으므로 이 사건 처분은 부당하다고 주장하나, 청구인의 주장은 관계 법령에 따른 주의의무를 소홀히 하여 발생한 것이므로 청구인에게 그 책임이 있으므로 이 사건 처분은 적법 · 타당하다고 보아야 할 것이나, ① 청구인이 업소를 비운 사이에 이 사건이 발생된 점, ② 청구인의 위반행위가 처음인 점 등을 고려할 때 이 사건 처분을 통하여 달성하려는 공익에 비하여 청구인이 입게 될 불이익이 보다 크다고 판단되므로 청구인의 청구는 일부 이유 있다 하여 이를 변경한다.

1. 사건개요

청구인은 ○○군 소재에서 일반음식점을 운영하던 중 2013.6.26. 저녁 손님에게 식사를 제공한 후 청구인의 친목회에 참석하기 위해 손님들에게 계산을 미리 하여 달라고 하여 계산 한 후 친목회에 참석하였고 같은 날 23:50경 업소에 돌아왔는데, 경찰서에서는 사건 당일 청구인의 업소에서 이 등 6명이 188,000원 상당의 판돈으로 도박을 한 사실을 적발하였고, 이 내용을 통보받은 피청구인은 2013.10.2. 청구인에게 영업정지 2개월 처분을 하였다.

2. 청구인 주장

청구인은 당시 친목회가 있어서 외출 중이었고 경찰관이 청구인의 업소에 와서 단속한 사실조차 전혀 모르고 있었는바, 만약 청구인이 업소에 있었다면 도박을 하게 동의 · 동조하지도 않았을 것이며 경찰로부터 아무런 혐의나 조사를 받지도 않았음에도 피청구인으로부터 이 사건 행정처분을 받게 되었기에 이 사건 청구를 한다.

3. 피청구인 주장

식품접객업자 등 대통령령으로 정하는 영업자와 그 종업원은 「식품위생법」 제44조 제1항, 같은 법 시행규칙 제57조에 따라 "업소 안에서의 도박이나 그 밖의 사행행위 또는 풍기문란행위를 방지"하여야 할 주의의무가 있으므로, 영업주가 부득이한 사유가 있어 영업장을 비울지라도 업소 안에서 발생할 수 있는 모든 상황에 대하여 예방을 게을리 하지 말아야 함에도 불구하고, 손님을 남겨둔 채 외출한 청구인은 결과적으로 도박장소를 제공한 것이나 다름없으며, 영업장 내에서 발생한 사항에 대하여는 영업자에게 그 책임이 있다 할 것이므로 피청구인이 청구인에게 한 이 사건 처분은 적법한 처분으로 청구인의 주장은 이유 없다고 할 것이다.

피청구인은 청구인이 영업장에서 손님들의 도박행위를 방지할 의무를 게을리 한 사실을 확인하고 「식품위생법 시행규칙」 제89조 별표 23에서 정하고 있는 행정처분의 기준에 따라 이 사건 처분을 하였다.

4. 위원회 판단

- 청구인은 청구인이 자리를 비운 사이에 도박 등의 행위가 발생되었으므로 피청구인의 이 사건 처분은 부당하다고 주장하나, 이와 같은 청구인의 주장은 관계 법령에 따른 주의의무를 다하여야 하는 의무를 소홀히 하여 발생한 것으로 청구인에게 그 책임이 있으므로 피청구인이 청구인에 대하여 한 이 사건 처분은 일응 적법 · 타당하다고 할 것이다.
- 다만, 청구인이 업소를 비운 사이에 이 사건이 발생된 점, 청구인의 위반행위가 처음인 점 등을 고려할 때 이 사건 처분을 통하여 달성하려는 공익에 비하여 청구인이 입게 될 불이익이 보다 크다고 판단된다.
- 청구인의 주장을 일부 받아들여 피청구인이 청구인에 대하여 한 영업정지 2개월 처분은 이를 1개월 처분으로 변경한다.

「식품위생법」제44조 제1항 및 같은 법 시행규칙 제57조 [별표17]에 따르면 "식품접객영업자는 영업의 위생관리와 질서유지, 국민의 보건위생 증진을 위하여 업소 안에서 도박이나 그 밖의 사행행위를 방지하여야 한다."라고 규정되어 있고, 이를 위반하였을 경우 같은 법 제75조 제1항 및 같은 법 시행규칙 제89조 [별표23]에 따라 "1차 위반시 영업정지 2개월의 처분을 하되, 위반사항 중 그 위반의 정도가 경미하거나 고의성이 없는 사소한 부주의로 인한 경우 또는 해당 위반사항에 관하여 검사로부터 기소유예의 처분을 받거나 법원으로부터 선고유예의 판결을 받은 경우에는 정지처분 기간의 2분의 1 이하의 범위에서 그 처분을 경감할 수 있다."라고 규정되어 있다.

부록 1. 식품 영업 신고서

부록 2. 먹는 물의 수질기준

■ 식품위생법 시행규칙 [별지 제37호서식] 〈개정 2020.4.13.〉

식품 영업 신고서

※ 뒤쪽의 구비서류와 신고안내, 유의사항을 읽고 작성하시기 바라며, [ ]에는 해당되는 곳에 √ 표를 합니다. (앞쪽)

접수번호	접수일	발급일	처리기간 즉시

신고인	성명(법인은 법인 명칭 및 대표자의 성명)	주민(법인)등록번호
	주소(법인은 주된 사무소의 소재지)	전화번호
신고사항	명칭(상호)	전화번호
	영업의 종류 [ ]즉석판매제조 · 가공업 [ ]집단급식소 식품판매업 [ ]일반음식점영업 [ ]식품운반업 [ ]기타식품판매업 [ ]위탁급식영업 [ ]식품소분업 [ ]식품냉동 · 냉장업 [ ]제과점영업 [ ]식용얼음판매업 [ ]용기 · 포장지제조업 [ ]식품자동판매기영업 [ ]옹기류제조업 [ ]유통전문판매업 [ ]휴게음식점영업	
	영업장의 면적(㎡) 및 소재지 (음식판매자동차를 사용하는 휴게음식점영업 또는 제과점영업을 하는 경우에는 해당 음식판매자동차의 면적 및 자동차등록번호를 적고, 해당 영업소의 소재지를 적습니다. 「화물자동차 운수사업법 시행령」 제3조제2호에 따른 개별화물자동차 운송사업의 영업자가 「식품위생법 시행령」 제21조제4호에 따른 식품운반업을 하려는 경우에는 신고인의 주소지를 적습니다)	
	식품용수의 종류 [ ] 수돗물 [ ] 먹는샘물 [ ] 먹는염지하수 [ ] 지하수(먹는샘물 및 먹는염지하수는 제외합니다) [ ] 먹는해양심층수 [ ] 그 밖의 먹는물 * 식품용수를 2개 이상 사용하는 경우에는 중복 표기가 가능합니다.	

「식품위생법」 제37조제4항 및 같은 법 시행규칙 제42조제1항에 따라 위와 같이 영업을 신고합니다.

년 월 일

신고인 (서명 또는 인)

특별자치시장 · 특별자치도지사 · 시장 · 군수 · 구청장 귀하

행정정보 공동이용 동의서

본인은 이 건 업무처리와 관련하여 담당 공무원이 「전자정부법」 제36조제1항에 따른 행정정보의 공동이용을 통하여 담당 공무원 확인사항을 확인하는 것에 동의합니다. * 동의하지 아니하는 경우에는 신청인이 직접 관련 서류를 제출하여야 합니다.

신고인 (서명 또는 인)

신 고 안 내

〈특별자치시장 · 특별자치도지사 · 시장 · 군수 · 구청장에게 신고를 하여야 하는 업종〉

1. 즉석판매제조 · 가공업 2. 식품운반업 3. 식품소분업 4. 식용얼음판매업 5. 식품자동판매기영업 6. 유통전문판매업 7. 집단급식소 식품판매업 8. 기타식품판매업 9. 식품냉동 · 냉장업 10. 용기 · 포장류제조업(자신의 제품을 포장하기 위하여 용기 · 포장류를 제조하는 경우는 제외) 11. 옹기류제조업 12. 휴게음식점영업 13. 일반음식점영업 14. 위탁급식영업 15. 제과점영업

유 의 사 항

1. 신고한 영업을 폐업하는 때에도 신고를 하여야 합니다.
2. 신고를 하여야 하는 업종을 신고를 하지 아니하고 영업을 하는 경우에는 「식품위생법」 제97조제1호에 따라 3년 이하의 징역 또는 3천만원 이하의 벌금을 부과하게 됩니다.
3. 영업신고를 하려는 자는 「식품위생법 시행규칙」 제40조에서 정한 사항 외에 해당 영업신고와 관련된 다음 법령에 위반되거나 저촉되는지 여부를 검토하여야 합니다.
   - 「국토의 계획 및 이용에 관한 법률」, 「하수도법」, 「농지법」, 「학교보건법」, 「옥외광고물등 관리법」, 「하천법」, 「한강수계 상수원수질개선 및 주민지원 등에 관한 법률」, 「수질 및 수생태계 보전에 관한 법률」, 「소음 · 진동규제법」, 「관광진흥법」, 「학원의 설립 · 운영 및 과외교습에 관한 법률」, 「청소년보호법」, 「근로기준법」, 「산업집적활성화 및 공장설립에 관한 법률」, 「주차장법」, 「지방세법」 등 그 밖의 관련 법령

210mm×297mm[백상지 80g/㎡(재활용품)]

(뒤쪽)

제출서류	1. 교육이수증 1부(「식품위생법」 제41조제2항에 따라 미리 교육을 받은 경우만 해당합니다) 2. 제조 · 가공하려는 식품 및 식품첨가물의 종류 및 제조방법 설명서 1부(「식품위생법 시행령」 제21조제1호부터 제3호까지의 영업만 해당합니다) 3. 시설사용계약서 1부(식품운반업을 하려는 경우로서 차고 또는 세차장을 임대할 경우만 해당합니다) 4. 「먹는물관리법」에 따른 먹는물 수질검사기관이 발행한 수질검사(시험)성적서 1부(수돗물이 아닌 지하수 등을 먹는 물 또는 식품등의 제조과정이나 식품의 조리 · 세척 등에 사용하는 경우만 해당합니다) 5. 유선 또는 도선사업 면허증 또는 신고필증 1부(수상구조물로 된 유선장 또는 도선장에 「식품위생법 시행령」 제21조제8호가목의 휴게음식점영업, 같은 호 나목의 일반음식점영업 및 같은 호 바목의 제과점영업을 하려는 경우만 해당합니다) 6. 삭제 〈2019. 11. 20.〉 7. 식품자동판매기의 종류 및 설치장소가 적힌 서류 1부(2대 이상의 식품자동판매기를 설치하고 일련관리번호를 부여하여 일괄 신고를 하는 경우만 해당합니다) 8. 수상레저사업 등록증 1부(수상구조물로 된 수상레저사업장에서 「식품위생법 시행령」 제21조제8호가목의 휴게음식점영업 및 같은 호 바목의 제과점영업을 하려는 경우만 해당합니다) 9. 「국유재산법 시행규칙」 제14조제3항에 따른 국유재산 사용허가서 1부(국유철도의 정거장시설 또는 군사시설에서 「식품위생법 시행령」 제21조제2호의 즉석판매제조 · 가공업의 영업, 같은 조 제5호의 식품소분 · 판매업의 영업, 같은 조 제8호가목의 휴게음식점영업, 같은 호 나목의 일반음식점영업 또는 같은 호 바목의 제과점영업을 하려는 경우만 해당합니다) 10. 해당 도시철도사업자와 체결한 도시철도시설 사용계약에 관한 서류 1부(도시철도의 정거장시설에서 「식품위생법 시행령」 제21조제2호의 즉석판매제조 · 가공업의 영업, 같은 조 제5호의 식품소분 · 판매업의 영업, 같은 조 제8호가목의 휴게음식점영업, 같은 호 나목의 일반음식점영업 또는 같은 호 바목의 제과점영업을 하려는 경우만 해당합니다) 11. 예비군식당 운영계약에 관한 서류 1부(군사시설에서 「식품위생법 시행령」 제21조제8호나목의 일반음식점영업을 하려는 경우만 해당합니다) 12. 해당 영업장에서 영업을 할 수 있음을 증명하는 「식품위생법 시행규칙」 별표 15의2에 따른 서류 1부[음식판매자동차(「자동차관리법 시행규칙」 별표 1 제1호 · 제2호 및 비고 제1호가목에 따른 이동용 음식판매 용도인 소형 · 경형화물자동차 또는 같은 표 제2호에 따른 이동용 음식판매 용도인 특수작업형 특수자동차)를 사용하여 「식품위생법 시행령」 제21조제8호가목의 휴게음식점영업 또는 같은 호 바목의 제과점영업을 하려는 경우만 해당합니다] 13. 「어린이놀이시설 안전관리법」 제12조제1항 및 같은 법 시행령 제7조제4항에 따른 어린이놀이시설 설치검사합격증 또는 「어린이놀이시설 안전관리법」 제12조제2항 및 같은 법 시행령 제8조제5항에 따른 어린이놀이시설 정기시설검사합격증(「식품위생법 시행령」 제21조제8호가목, 나목, 마목 또는 바목의 영업을 하려는 경우로서 해당 영업장에 어린이놀이시설을 설치하는 경우만 해당합니다)	수수료 28,000원 (수입인지 또는 수입증지)
담당공무원확인사항	1. 토지이용계획확인서(「식품위생법 시행규칙」 제42조제1항제10호에 따른 국유재산 사용허가서를 제출한 경우에는 제외합니다) 2. 건축물대장 또는 「건축법」 제22조제3항제2호에 따른 건축물의 임시사용 승인서(「식품위생법 시행규칙」 제42조제1항제10호에 따른 국유재산 사용허가서를 제출한 경우에는 제외합니다) 3. 액화석유가스 사용시설완성검사증명서(「식품위생법 시행령」 제21조제8호가목의 휴게음식점영업, 같은 호 나목의 일반음식점영업 및 같은 호 바목의 제과점영업을 하려는 사람 중 「액화석유가스의 안전관리 및 사업법」 제27조제2항에 따라 액화석유가스 사용시설의 완성검사를 받아야 하는 사람의 경우만 해당합니다) 4. 자동차등록증(음식판매자동차를 사용하여 「식품위생법 시행령」 제21조제8호가목의 휴게음식점영업 또는 같은 호 바목의 제과점영업을 하려는 경우만 해당합니다) 5. 사업자등록증(음식판매자동차를 사용하여 「고등교육법」 제2조에 따른 학교에서 해당 학교의 경영자가 「식품위생법 시행령」 제21조제8호가목의 휴게음식점영업 또는 같은 호 바목의 제과점영업을 하려는 경우만 해당합니다) 6. 건강진단결과서(제49조에 따른 건강진단대상자의 경우만 해당합니다) 7. 「다중이용업소의 안전관리에 관한 특별법」 제9조제5항에 따라 소방본부장 또는 소방서장이 발급하는 안전시설등 완비증명서(「다중이용업소의 안전관리에 관한 특별법 시행령」 제2조제1호가목에 따른 영업을 하려는 경우만 해당합니다)	

처 리 절 차

신고서 작성 ➡ 접 수 ➡ 검 토 ➡ 결 재 ➡ 신고증 발급 ➡ 필요시 시설조사(15일 이내)

신고인　　처리기관 : 특별자치시 · 특별자치도 · 시 · 군 · 구(식품영업신고 담당부서)

[부록 2] 먹는 물의 수질기준(67종)

먹는물 수질기준 및 검사 등에 관한 규칙 (별표1) (개정 2019.12.20.)

구분	기준	
1. 미생물기준 (6)	① 일반세균 100CFU/ml이하	② 총대장균군 불검출/100ml
	③ 대장균, 분원성 대장균군 100ml 불검출	
	④ 분원성 연쇄상구균, 녹농균, 살모넬라 및 쉬겔라 250ml 불검출	
	⑤ 아황산환원혐기성포자형성균 50ml 불검출	
	⑥ 여시니아균 2L 불검출	
2. 건강상 유해영향 무기물질 기준(14)	① 납 0.01mg/L 이하	② 불소 1.5mg/L 이하
	③ 비소 0.01mg/L 이하	④ 셀레늄 0.01mg/L 이하
	⑤ 수은 0.001mg/L 이하	⑥ 시안 0.01mg/L 이하
	⑦ 크롬 0.05mg/L 이하	⑧ 암모니아성 질소 0.5mg/L 이하
	⑨ 질산성 질소 10mg/L 이하	⑩ 카드뮴 0.005mg/L 이하
	⑪ 붕소 1.0mg/L 이하	⑫ 브론산염 0.01mg/L 이하
	⑬ 스트론튬 4mg/L 이하	⑭ 우라늄 30㎍/L 이하
3. 건강상 유해영향 유기물질 기준(17)	① 페놀 0.005mg/L 이하	② 다이아지논 0.02mg/L 이하
	③ 파라티온 0.06mg/L 이하	④ 페니트로티온 0.04mg/L 이하
	⑤ 카바릴 0.07mg/L 이하	⑥ 1,1,1-트리클로로에탄 0.1mg/L 이하
	⑦ 테트라클로로에틸렌 0.01mg/L이하	⑧ 트리클로로에틸렌 0.03mg/L 이하
	⑨ 디클로로메탄 0.02mg/L 이하	⑩ 벤젠 0.01mg/L 이하
	⑪ 톨루엔 0.7mg/L 이하	⑫ 에틸벤젠 0.3mg/L 이하
	⑬ 크실렌 0.5mg/L 이하	⑭ 1,1-디클로로에틸렌 0.03mg/L 이하
	⑮ 사염화탄소 0.002mg/L 이하	⑯ 1,2-디브로모-3-클로로프로판 0.003mg/L 이하
	⑰ 1,4-다이옥신 0.05mg/L 이하	
4. 소독제 및 소독부산물질 기준 (11)	① 잔류염소 4.0mg/L 이하	② 총트리할로메탄 0.1mg/L 이하
	③ 클로로포름 0.08mg/L 이하	④ 브로모디클로로메탄 0.03mg/L 이하
	⑤ 디브로모콜르로메탄 0.1mg/L 이하	⑥ 클로랄하이드레이트 0.03mg/L 이하
	⑦ 디브로모아세토니트릴 0.1mg/L 이하	⑧ 디클로로아세토니트릴 0.09mg/L 이하
	⑨ 트리클로로아세토니트릴 0.004mg/L 이하	⑩ 할로아세틱에시드 0.1mg/L 이하
	⑪ 포름알데히드 0.5mg/L 이하	
5. 심미적 영향물질 기준 (16) - 냄새와 맛을 별개로 계산함.	① 경도 1,000mg/L 이하(수돗물 300,지하수 1,200)	
	② 과망간산칼륨 소비량 10mg/L 이하	③ 냄새와 맛 무미
	④ 동 1mg/L 이하	⑤ 색도 5도 이하
	⑥ pH 5.8~8.5	⑦ 세제(음이온계면활성제) 0.5mg/L 이하
	⑧ 아연 3mg/L 이하	⑨ 염소이온 250mg/L 이하
	⑩ 증발잔류뮬 500mg/L 이하	⑪ 철 0.3mg/L 이하
	⑫ 망간 0.3mg/L 이하(수돗물 0.05mg/L 이하)	
	⑬ 탁도 1NTU 이하(지하수 0.5NTU 이하)	
	⑭ 황산이온 200mg/L 이하	
	⑮ 알루미늄 0.2mg/L 이하	
6. 방사능 기준 (3)	① 세슘 4.0mBq/L 이하	
	② 스토론튬 3.0mBq/L 이하	
	③ 삼중수소 6.0Bq/L 이하	

참고문헌

1. 기경환, 오픈주방 종사원의 직무환경, 직무몰입, 직무스트레스, 조직유효성간의 구조적 관계분석, 상명대학교 대학원, 2018
2. 음식과 사람, 한국외식업중앙회, 2017~2018
3. (사)한국외식업중앙회, 위생교육교재(일반음식점 영업자), 2018
4. 한현우, Global Food Sanitation, 대한보건협회, 2018
5. 한현우, 우리나라 식품위생감시행정에 관한 연구, 서울대학교 보건대학원, 1988
6. 황규삼, 외식창업자의 창업교육이 학습전이효과 및 창업의도에 미치는 영향에 관한 연구(창업지원정책의 조절역할을 중심으로), 상명대학교 대학원, 2017. 8월
7. 국가법령정보센터, www.law.go.kr
8. 서울시행정심판위원회, 2017 행정심판 재결례집, https://www.simpan.go.kr/nsph/sph273.do
9. 식품의약품안전처 www.mfds.go.kr/
10. http://blog.naver.com/PostView.nhn?blogId=rnjseorhks83&logNo=221097221616
11. https://www.junggu.seoul.kr/health/content.do?cmsid=2147
12. https://kosis.kr/search/search.do 국가통계포털
13. https://foodservice.or.kr 한국외식업중앙회
14. https://www.4insure.or.kr/ins4/ptl/Main.do#this 4대 사회보험정보연계센터

맛집경영 길라잡이 값 8,000원

2020년 5월 25일 제1판 인쇄
2020년 5월 30일 제1판 발행

지 은 이 : 한 현 우 · 황 규 삼
펴 낸 이 : 주 영 일
펴 낸 곳 : **계 축 문 화 사**

서울특별시 종로구 통일로12길 16-17
우편번호 03029
TEL : 735-2257·738-9746
FAX : 723-9025
E-mail:gyechuk@hanmail.net
홈페이지 : http://gyechuk.co.kr
1973. 10. 31 등록번호 제300-1973-8호
ISBN 978-89-5629-598-5 03320

판권소유